고교필수
4200단어
문.단.기
* 문답식 단어연상 기억 *

6

저자 이재환(Victor Lee)

[약력]

FTC외국어연수원 원장 역임

시사외국어연수원장 역임

[활동]

MBC 9시 뉴스데스크 출연

KBS 1TV 9시 뉴스데스크 출연

KBS 2TV 뉴스광장 출연

YTN 뉴스 출연

MBN 뉴스 출연

경향신문 X매거진 특집인물기사

주간인물 표지모델 선정

미국 시카고 한인방송 인터뷰 특집기사

미국 LA 한인방송 인터뷰 특집기사

캐나다 한국일보 인터뷰 특집기사

캐나다 동아일보 인터뷰 특집기사

교육대상 수상

국내 학교 및 관공서, 학원 약 500여 개소 프로그램 공급

[저서 및 개발]

음성인식영어로봇 세계최초 개발(프레스센터 언론 기자 회견)

AMT(영어문장자동암기프로그램)개발

기적의 영어기억법 저술

분리합성언어교육프로그램 이론 발표

영어 구절반복 특허 등록

AMS(영어자동암기시스템) 개발

기타 약 50여종의 교재와 30여종의 교육관련 특허 출원

Recording

Native Speaker
Kristen

education

B.A. in English Literature at University of California, Los Angeles(UCLA)

M.A. in TESOL at California State University, Los Angeles

work experience

Power English at EBS radio, host **(current)**

Business English, EBS radio, co-host **(previous)**

English Go, EBS radio, reporter

Ewha Woman University, full-time lecturer

Hanyang University, part-time lecturer

Korean

석원희 (KBS성우) **(previous)**

신혜경 (KBS성우) **(previous)**

저자 정과리

서울대 인문대 불문과를 졸업(1979)하고 동 대학원에서 박사학위(1993)를 받았다. 학위논문은 『크레티엥 드 트르와 소설의 구성적 원리-소설의 한 기원』으로서, 유럽의 12세기에 소설이 탄생한 과정을 추적하였다. 1979년 동아일보 신춘문예에 '조세희론'이 입선하여 평론활동을 시작했다. 1982년부터 1987년까지 부정기문학지(세칭 MOOK)『우리 시대의 문학』 편집동인이었으며, 1988년부터 2004년까지 계간 『문학과사회』 편집동인으로 활동하였다. 주요 저서로 『문학, 존재의 변증법』(문학과지성사, 1985), 『존재의 변증법 2』(청하, 1986), 『스밈과 짜임』(문학과지성사, 1988), 『문명의 배꼽』(문학과지성사, 1998), 『무덤 속의 마젤란』(문학과지성사, 1999), 『문학이라는 것의 욕망』(역락, 2005), 『문신공방, 하나』(역락, 2006), 『네안데르탈인의 귀향』(문학과지성사, 2008), 『네안데르탈인의 귀환』(문학과지성사, 2008), 『들어라 청년들아』(사문난적, 2008), 『글숨의 광합성』(문학과지성사, 2009), 『1980년대의 북극꽃들아, 뿔고둥을 불어라』(문학과지성사, 2014), *Un désir de littérature coréenne* (France : DeCrescenzo éditeurs, 2015) 등이 있다.

근대소설의 기원에 관한 한 연구

크레티엥 드 트르와Chrétien de Troyes 소설의 구성적 원리

초판 인쇄 2016년 8월 8일
초판 발행 2016년 8월 18일

지은이 정과리
펴낸이 이대현
편 집 권분옥
펴낸곳 도서출판 역락
　　　　 서울시 서초구 반포4동 577-25 문창빌딩 2층
　　　　 전화 02-3409-2058(영업부), 2060(편집부)
　　　　 팩시밀리 02-3409-2059
　　　　 이메일 youkrack@hanmail.net
　　　　 역락블로그 http://blog.naver.com/youkrack3888
　　　　 등록 1999년 4월 19일 제303-2002-000014호

ISBN　979-11-5686-325-0 93860
정 가　30,000원

* 잘못된 책은 교환해 드립니다.

문단기

문답식
단어연상
기억

UNIT 291 - 350

(WORDS 3481 - 4200)

한교연

문답식 **단어연상 기억** (특허출원전문)

【발명의 배경】

외국어를 공부하는 학습자들이 가장 어려움을 겪는 부분이 단어학습이다.

초·중등 필수단어가 약 1,600 단어이고, 고교 필수단어가 약 4,200 단어이므로, 중복되는 단어를 제외하더라도 제대로 된 영어 학습을 위해 약 5,000개 이상의 단어를 완벽히 소리와 함께 암기해야 하는 실정이다.

최근, 한 통계에 따르면 고등학교 졸업생 중 고교 필수단어를 정확한 발음과 함께 모두 기억하고 있는 학생은 1%도 안 되고, 서울대를 포함한 상위 대학에 입학한 학생들 중에서도 다수의 학생들이 고교 필수단어 모두를 기억하지는 못하는 것으로 나타났다. 이러한 이유는 종래의 단어 기억 방법이 단순 반복 암기에 의해 이루어지기 때문으로 학습한 단어가 단기간은 머릿속에 기억되어 있다가 반복 학습을 하지 않게 되면 기억에서 바로 사라져버리기 때문이다. 실제로 영어 단어를 암기하는 경우 몇 시간이 지나면 약 50% 정도가 기억에서 사라지게 되고, 며칠이 지나면 70% 정도, 한 달 후에는 대부분의 단어들이 기억에서 사라지는 경험을 누구나 하게 된다.

따라서 암기한 단어를 지속적으로 기억하기 위해서는 수십 번에서 수백 번의 반복학습을 주기적으로 해주어야 하는데, 이렇게 암기한 단어가 기억에서 지워지고 다시 학습하는 과정에서 학습자들이 단어 암기 학습에 지쳐서 단어 암기 학습을 포기하고 있는 실정이다.

【과제의 해결 수단】

"한번 들으면 영원히 기억되기 위해" 국내 최초로 시도된 **7가지**

① 국내 최초 4200개 연상 질문 원고(연상기억)	② 국내 최초 4200개 연상 답 원고(연상기억)
③ 국내 최초 4200개 연상 질문 삽화(이미지기억)	④ 국내 최초 4200개 연상 답 삽화(이미지기억)
⑤ 국내 최초 KBS 남녀 성우 연상 질문/답 녹음	⑥ 국내 최초 원어민 3회 연속 챈트식 녹음
⑦ 8400개 삽화 애니메이션(영상 학습물)	

【발명의 효과】

한번 학습한 단어가 연상에 의해 오랜 기간 동안 기억 속에 남게 되므로 최상의 학습효과를 얻을 수 있는 뛰어난 효과를 갖는다. 문답 형식의 연상기억법을 통해 영어 단어를 기억할 수 있도록 함으로써 학교나 학원 등의 교육기관에서 선생님과 학생들 사이 또는 학생들끼리 조를 나누는 등의 방법에 의해 문답식 수업이 가능하게 되므로 학생들이 단어학습에 흥미를 느끼게 되고 보다 능동적으로 수업에 참여할 수 있게 되어 학습 능률을 향상시킬 수 있는 효과를 추가로 갖는다.

끝으로 '문단기' 연상 원고, 녹음, 삽화, 그리고 영상을 제작하기 위해 기간이 약 5년 정도가 소요됐으며 참여한 인원도 약 100여명이 참여되어 제작될 정도로 대하소설이나 대작의 영화라고 해도 과언이 아니다.

특히 이번에 본 개발을 위해서 국내 최초로 시도된 제작법만 7가지가 된다.

'문단기'는 **영상과 함께 학습**하여야 그 학습 효과를 제대로 볼 수 있으며 가능하면 영상물도 같이 구매하여 학습하기 바란다. '문단기'가 영어 단어 학습으로 힘들어하는 대한민국 모든 학습자들에게 희망이 되길 바라면서…

문답식 단어연상 기억으로

재미있고 쉽게 영어 단어를 학습하기를 기대합니다.

저자 이재환

영상 학습법

▶(녹색) 학습기 사운드 ▶(청색) 학습자가 표현 ▶(적색) 내용 설명
▶ 말 할 때는 반드시 큰 소리로 말해야 기억효과가 3~5배까지 됩니다.

✎ STEP 1

한글로 문장 연상 단계

▶ 단어의 뜻을 넣어 연상이 되도록 질문
▶ 단어의 음을 넣어 연상이 되도록 대답
  질문: 한국인 여자 성우
  대답: 한국인 남자 성우 ---- 2회 반복
▶ 영어는 생각하지 말고 큰 소리로 한국인 성
  우가 표현하는 우리말을 따라하면서 연상
  문장을 기억할 것
▶ 리듬에 맞춰 경쾌하게 표현할 것

✎ STEP 2

연상된 문장 확인 학습 단계

▶ 음악만 흘러나오면서 입 그림이 좌측에서 우
  측으로 움직인다.
▶ 입 그림이 좌측에서 우측으로 갈 때까지 연
  상 문장을 표현
▶ Step 1에서 연상한 문장을 바로 표현해 본다.
▶ 영어는 몰라도 한국어 연상은 바로 됨
▶ 한국어 연상 문장 안에는 영어 뜻과 음이 모
  두 들어 있음

✎ STEP 3

영어 뜻과 음 기억 단계

▶ 연상 문장 1회 흘러 나온다
▶ 다시 한 번 연상 문장을 표현한다.
▶ 단어의 뜻을 한국인이 말하고
▶ 바로 이어 원어민이 영어음을 리듬에 맞춰서
  3번 경쾌하게 읽는다.
▶ 원어민 음에 따라서 3회 큰 소리로 표현

✎ STEP 4

최종 기억 단계

▸ **한글 뜻에 이어서 원어민의 영어음이 3번 리듬에 맞춰 흘러 나온다.**
▸ 다시 한 번 뜻을 표현하면서 영어음을 3번 같이 따라서 발음
▸ 영어 음을 발음할 때 영어 철자를 눈으로 정확히 익힌다.

✎ STEP 5

기억 확인 단계

▸ **성우가 한글 뜻을 말한다**
▸ 한글 뜻을 듣고 바로 영어로 표현
▸ 입모양이 좌측에서 우측으로 가기 전에 영어로 표현
▸ 입모양이 우측으로 가면서 영어 철자가 나타난다.
▸ 영어 철자가 나타날 때 본인이 표현한 것이 맞는지 확인하면서 다시 한 번 영어로 표현

교재 학습법

교재는 **영상과 같이 학습**해야 훨씬 효과적입니다.

▸ 말 할 때는 반드시 큰 소리로 말해야 기억효과가 3~5배까지 됩니다.

✏️ STEP 1

한글 연상 단계

▸ 영어는 생각하지 말고 우리말만 생각하고 연상문장을 머리에 기억합니다.

▸ 연상기억을 할 때 그림을 같이 보면서 연상기억이 오래 남도록 합니다.

▸ 연상기억을 할 때 기억을 해야겠다는 마음을 강하게 가지고 집중을 하면서 기억효과가 좋습니다. (두뇌도 발달됨)

▸ 큰 소리로 기억할 때마다 ①②③에 ✔표시를 하세요.

✏️ STEP 2

한글 연상 단계

▸ STEP1에서 암기한 연상 문장을 이제 그림만을 보고 연상문장을 떠 올려서 큰소리로 말합니다.

▸ 큰 소리로 기억할 때마다 ①②③④⑤에 ✔표시를 하세요.

✏️ STEP 3 　연상 기억 확인 단계

1282	**elegant** [éligənt]	① ② ③ ④		기품 있는, 우아한	① ② ③ ④	
3021	**qualification** [kwàləfikéiʃən]	① ② ③ ④		자격, 조건	① ② ③ ④	
4142	**wilderness** [wíldə:rnis]	① ② ③ ④		황야, 황무지	① ② ③ ④	

▸ 먼저 한글로 기억된 연상문장을 한번 말하고 바로 이어서 영어발음기호를 보고 정확히 큰 소리로 영어발음을 3번씩 합니다.

▸ 종이-등으로 좌측 영어 부분을 가리고 그림과 한글만을 보고 영어로 기억한 단어를 테스트 합니다.

▸ 종이-등으로 우측 한글 부분을 가리고 그림과 영어만을 보고 기억한 단어를 한글로 말하는 테스트를 합니다.

차 례

MoonDanGi

BOOK 6

✓ STEP 1

3481 ① ② ③

탁구채로 공을 세게 **부딪치게 하는**
기술은?
스매싱.
☺ 세게 부딪치다 ⇨ 스매쉬

3482 ① ② ③

매끄러운 뱀이 지나가는 모습은?
스물스물 지나가.
☺ 매끄러운 ⇨ 스무-쓰

3483 ① ② ③

동생을 짚으로 **완전히 덮어버리고**
뭐라고 했어?
"숨어 더!"
☺ 완전히 덮다 ⇨ 스머더

3484 ① ② ③

개가 **덥석 문** 것은?
감자 스낵.
☺ 덥석 물다 ⇨ 스냅

3485 ① ② ③

남자가 길가다가 예쁜 여자가 **유혹**하니
바로 그 자리에 서네여~
☺ 유혹 ⇨ 스네어

3486 ① ② ③

그 여학생이 **잡아채면** 어쩔 거야?
스타일이 내 취향이 아니야.
☺ 잡아채다 ⇨ 스내쳐

3487 ① ② ③

왜 언니신발을 몰래 **훔쳤어?**
언니의 스니커즈가 너무 예뻐서.
☺ 훔치다 ⇨ 스니-크

3488 ① ② ③

재채기를 언제 했어?
스니커즈(sneakers,슈즈) 신고
나가다가 했어.
☺ 재채기 ⇨ 스니-즈

3489 ① ② ③

코를 훌쩍인 사람은 누구야?
스님의 프랜드(friend,친구)야.
☺ 코를 훌쩍이다 ⇨ 스니프

3490 ① ② ③

엄마는 언제 **코를 골아?**
손수건에 수 놓아 주다가 피곤하면
코를 곯아.
☺ 코를 골다 ⇨ 스노얼

3491 ① ② ③

눈사태를 보여주는 쇼는?
스노우(눈)가 쏟아지는 것을
슬라이드로 보여 주는 쇼.
☺ 눈사태 ⇨ 스노우스라이드

3492 ① ② ③

그릇을 물에 **담글 때**는 어떻게 담궈?
쏘옥 담궈야 해.
☺ 담그다 ⇨ 소우크

3481 세게 부딪치다	3482 매끄러운	3483 완전히 덮다

① ② ③ ④ ⑤	① ② ③ ④ ⑤	① ② ③ ④ ⑤
3484 덥석 물다	3485 유혹	3486 잡아채다

① ② ③ ④ ⑤	① ② ③ ④ ⑤	① ② ③ ④ ⑤
3487 훔치다	3488 재채기	3489 코를 훌쩍이다

① ② ③ ④ ⑤	① ② ③ ④ ⑤	① ② ③ ④ ⑤
3490 코를 골다	3491 눈사태	3492 담그다

① ② ③ ④ ⑤	① ② ③ ④ ⑤	① ② ③ ④ ⑤

3481	**smash** [smæʃ]	① ② ③ ④		세게 부딪치다, 박살내다	① ② ③ ④
3482	**smooth** [smuːð]	① ② ③ ④		매끄러운, 순조로운	① ② ③ ④
3483	**smother** [smʌðər]	① ② ③ ④		질식시키다, 완전히 덮다	① ② ③ ④
3484	**snap** [snæp]	① ② ③ ④		덥석 물다, 달려들다	① ② ③ ④
3485	**snare** [snɛər]	① ② ③ ④		올가미, 함정, 유혹	① ② ③ ④
3486	**snatch** [snætʃ]	① ② ③ ④		잡아채다, 잡아채기	① ② ③ ④
3487	**sneak** [sniːk]	① ② ③ ④		몰래 하다, 살금살금 하다, 훔치다, 좀도둑질 하다	① ② ③ ④
3488	**sneeze** [sniːz]	① ② ③ ④		재채기(하다), 경멸하다	① ② ③ ④
3489	**sniff** [snif]	① ② ③ ④		코를 훌쩍이다, 코를 킁킁거리며 냄새 맡다	① ② ③ ④
3490	**snore** [snɔːr]	① ② ③ ④		코를 골다, 코골기	① ② ③ ④
3491	**snowslide** [snouslàid]	① ② ③ ④		눈사태	① ② ③ ④
3492	**soak** [souk]	① ② ③ ④		담그다, 흠뻑 젖게 하다, 흡수하다	① ② ③ ④

3487 스니커즈[sneakers]: 캔버스 슈즈와 같으나 밑창이 고무로 된 것. 고무 밑창이기 때문에 걸을 때 발자국 소리가 나지 않는다고 해서 '살금살금 걷는 사람'이라는 뜻의 스니커 sneaker에서 비롯되어 붙여진 이름

✓ STEP 1

3493 ① ② ③

미사일을 하늘 높이 날아가게 하려면?
미사일을 쏘아 올리면 돼.
☺ 높이 날다 ⇨ 소-

3494 ① ② ③

왜 흐느끼고 있어?
사부가 몸이 아파.
☺ 흐느끼다 ⇨ 사브

3495 ① ② ③

술 취하지 않았다는 것을 어떻게 증명하지?
활을 쏴봐!
☺ 술 취하지 않은 ⇨ 소우버

3496 ① ② ③

친목적인 파티에서 회장님은 어떻게
불을 붙였어?
불화살을 쏘셔서 불을 붙였어.
☺ 친목적인 ⇨ 소우서벌

3497 ① ② ③

넌 사회주의 소설을 많이 읽어야 해
사회주의 소설 니나 좀 읽어~
☺ 사회주의 ⇨ 소우셜리즘

3498 ① ② ③

교제할 때 입을 옷이 필요해
저기서 사입어 티셔츠로!
☺ 교제 ⇨ 서사이어티

3499 ① ② ③

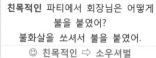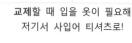

요즘 사회학에서 중요한 것은?
소셜네트웍의 시너지 효과야.
☺ 사회학 ⇨ 소우시아레쥐

3500 ① ② ③

왜 밥에 참기름을 넣어 부드럽게
하지?
소풍가서 먹을 김밥 싸려고.
☺ 부드럽게 하다 ⇨ 소펀

3501 ① ② ③

소프트웨어란?
소프트웨어는 컴퓨터를 동작시키는
프로그램과 같은 의미야.
☺ 소프트웨어 ⇨ 소-프트웨어

3502 ① ② ③

옛날 농촌에서 흙을 가는 일은 누가
했어?
소(牛)의 일이었어.
☺ 흙 ⇨ 소일

3503 ① ② ③

가게 주인을 위로하는 말은?
경제 살려서 장사 잘되게 해 준다는
말이 최고야.
☺ 위로 ⇨ 살러스

3504 ① ② ③

태양 빛 아래서 체조하는 사람은
커플(couple)이야, 솔로야?
애인이 없는 솔로야.
☺ 태양의 ⇨ 소울러

3493 높이 날다	3494 흐느끼다	3495 술 취하지 않은
 ① ② ③ ④ ⑤	 ① ② ③ ④ ⑤	 ① ② ③ ④ ⑤

3496 친목적인	3497 사회주의	3498 교제
 ① ② ③ ④ ⑤	 ① ② ③ ④ ⑤	 ① ② ③ ④ ⑤

3499 사회학	3500 부드럽게 하다	3501 소프트웨어
 ① ② ③ ④ ⑤	① ② ③ ④ ⑤	① ② ③ ④ ⑤

3502 흙	3503 위로	3504 태양의
 ① ② ③ ④ ⑤	 ① ② ③ ④ ⑤	 ① ② ③ ④ ⑤

3493	soar [sɔːr]	① ② ③ ④		높이 날다, 치솟다	① ② ③ ④
3494	sob [sab]	① ② ③ ④		흐느끼다, 흐느낌	① ② ③ ④
3495	sober [sóubər]	① ② ③ ④		술 취하지 않은, 착실한, 수수한	① ② ③ ④
3496	sociable [sóuʃəb-əl]	① ② ③ ④		사교적인, 친목적인	① ② ③ ④
3497	socialism [sóuʃəlìz-əm]	① ② ③ ④		사회주의(운동)	① ② ③ ④
3498	society [səsáiəti]	① ② ③ ④		사회, 사교, 교제	① ② ③ ④
3499	sociology [sòusiálədʒi]	① ② ③ ④		사회학	① ② ③ ④
3500	soften [sɔ́(ː)f-ən]	① ② ③ ④		부드럽게 하다	① ② ③ ④
3501	software [sɔ́ːftwɛ̀ər]	① ② ③ ④		소프트웨어	① ② ③ ④
3502	soil [sɔil]	① ② ③ ④		흙, 토양	① ② ③ ④
3503	solace [sáləs]	① ② ③ ④		위로, 위안, 위로하다	① ② ③ ④
3504	solar [sóuləːr]	① ② ③ ④		태양의	① ② ③ ④

3501 소프트웨어(software): 컴퓨터를 동작시키는 장치로서 대응하는 말은 하드웨어(hardware)

✓ STEP 1

3505 ① ② ③

엄숙한 곳에서 농담을 하면 어떻게
돼?
분위기가 썰렁해져.
☺ 엄숙한 ⇨ 살럼

3506 ① ② ③

고체와 기체를 저울에 달면?
저울이 무거운 고체 쪽으로 쏠리듯
내려가.
☺ 고체의 ⇨ 살리드

3507 ① ② ③

고독한 노인은 무엇까지 털렸어?
쌀이 털리기까지 했어.
☺ 고독한 ⇨ 살리터리

3508 ① ② ③

어려운 문제를 누가 해결하지?
명탐정 솔부엉이.
☺ 해결하다 ⇨ 살브

3509 ① ② ③

어두침침한 곳에서 추기 어려운 춤은?
삼바 춤.
☺ 어두침침한 ⇨ 삼버

3510 ① ② ③

사장님의 화를 누그러뜨리려고 어떤
수도 써 봤어?
술을 권하는 수도 써봤어.
☺ 누그러뜨리다 ⇨ 수-드

3511 ① ② ③

정교한 음식을 만들려면?
레서피와 마스터(주인)께 이 티셔츠도
드려~
☺ 정교한 ⇨ 서피스터케이티드

3512 ① ② ③

경험이 2년인
서퍼(surfer/파도타기 하는 사람)만
모여~ 라고 해.
☺ 2년생 ⇨ 사퍼모어

3513 ① ② ③

변기 닦는 불결한 솔로 뭘 해?
솔로 뒤도 닦고 있어.
☺ 불결한 ⇨ 소-디드

3514 ① ② ③

왜 아픈 표정을 하고 있어?
벌에 쏘여서 그래.
☺ 아픈 ⇨ 소-

3515 ① ② ③

슬픔이 밀려오는 이유는?
혼자라는 서러운 마음이 들어서.
☺ 슬픔 ⇨ 사로우

3516 ① ② ③

청소용 솔도 종류가 있어?
그래, 솔도 많은 종류가 있어.
☺ 종류 ⇨ 소-트

3505 엄숙한	3506 고체의	3507 고독한

① ② ③ ④ ⑤	① ② ③ ④ ⑤	① ② ③ ④ ⑤
3508 해결하다	3509 어두침침한	3510 누그러뜨리다

① ② ③ ④ ⑤	① ② ③ ④ ⑤	① ② ③ ④ ⑤
3511 정교한	3512 2년생	3513 불결한

① ② ③ ④ ⑤	① ② ③ ④ ⑤	① ② ③ ④ ⑤
3514 아픈	3515 슬픔	3516 종류

① ② ③ ④ ⑤	① ② ③ ④ ⑤	① ② ③ ④ ⑤

3505	**solemn** [sáləm]	① ② ③ ④		엄숙한, 장엄한	① ② ③ ④
3506	**solid** [sálid]	① ② ③ ④		고체의, 단단한, 확실한, 고체	① ② ③ ④
3507	**solitary** [sálitəri]	① ② ③ ④		고독한, 쓸쓸한, 유일한	① ② ③ ④
3508	**solve** [salv]	① ② ③ ④		해결하다, 풀다	① ② ③ ④
3509	**somber** [sámbəːr]	① ② ③ ④		어두침침한	① ② ③ ④
3510	**soothe** [suːð]	① ② ③ ④		위로하다, 누그러뜨리다, 덜다	① ② ③ ④
3511	**sophisticated** [səfístəkèitid]	① ② ③ ④		순진하지 않은, 정교한, 세련된	① ② ③ ④
3512	**sophomore** [sáf-əmɔ̀ːr]	① ② ③ ④		【미국】 (4년제 대학·고등학교의) 2년생; (실무·운동 등의 경험이) 2년인 사람, (그 방면의) 2년생	① ② ③ ④
3513	**sordid** [sɔ́ːrdid]	① ② ③ ④		불결한, 야비한	① ② ③ ④
3514	**sore** [sɔ́ːr]	① ② ③ ④		아픈, 쓰라린, 슬픈	① ② ③ ④
3515	**sorrow** [sárou]	① ② ③ ④		슬픔, 유감, 후회	① ② ③ ④
3516	**sort** [sɔ́ːrt]	① ② ③ ④		분류하다, 종류	① ② ③ ④

3511 레시피(recipe): [résəpìː] ① (약제 등의) 처방(전) (요리의) 조리법; 비법, 비결, 묘안, 비책

19

✓ STEP 1

3517 ① ② ③

저 **사람**은 누구야?
나의 소울메이트(soulmate)야.
☺ 사람 ⇨ 소울

3518 ① ② ③

클래식 음악 **소리**가 어때?
사운드가 깊고 은은해.
☺ 소리 ⇨ 사운드

3519 ① ② ③

깊이 있는 클래식은 무엇부터 들려?
사운드부터 들리지.
☺ 깊이 ⇨ 사운들리

3520 ① ② ③

친구에게 **시어진** 음식을 주어서
어떻게 됐어?
싸웠어.
☺ 맛이 신 ⇨ 사우어

3521 ① ② ③

소스의 **출처**는 왜 물어봐?
소스(sauce)가 맛있어서.
☺ 출처 ⇨ 소-스

3522 ① ② ③

기념품으로 사온 영양크림의 성분은?
수분이여.
☺ 기념품 ⇨ 수-버니어

3523 ① ② ③

통치자는 땅을 어떻게 마련했지?
사버렸어.
☺ 통치자 ⇨ 사버린

3524 ① ② ③

주권자의 임기가 끝날 무렵에
드러나는 것은?
예산을 다 써버린 티가 나.
☺ 주권 ⇨ 사버린티

3525 ① ② ③

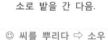

씨를 뿌리는 시점은?
소로 밭을 간 다음.
☺ 씨를 뿌리다 ⇨ 소우

3526 ① ② ③

콩 깍지가 뭐야?
속이 빈 것을 말해.
☺ 콩 ⇨ 소이빈

3527 ① ② ③

우주선을 타고 뭐했어?
스페이스(space,우주)에 가서
스타크래프트를 했어.
☺ 우주선 ⇨ 스페이스크래프트

3528 ① ② ③

우주선이 어디에 있어?
숲에 있어, 쉿!
☺ 우주선 ⇨ 스페이스쉽

3517 사람	3518 소리	3519 깊이
① ② ③ ④ ⑤	① ② ③ ④ ⑤	① ② ③ ④ ⑤

3520 맛이 신	3521 출처	3522 기념품
① ② ③ ④ ⑤	① ② ③ ④ ⑤	① ② ③ ④ ⑤

3523 통치자	3524 주권	3525 씨를 뿌리다
① ② ③ ④ ⑤	① ② ③ ④ ⑤	① ② ③ ④ ⑤

3526 콩	3527 우주선	3528 우주선
① ② ③ ④ ⑤	① ② ③ ④ ⑤	① ② ③ ④ ⑤

3517	soul [soul]	① ② ③ ④		영혼, 생기, 사람	① ② ③ ④
3518	sound [saund]	① ② ③ ④		소리, 음, 소리 나다, 충분히, 건전한	① ② ③ ④
3519	soundly [sáundli]	① ② ③ ④		건전하게, 깊이, 확실히	① ② ③ ④
3520	sour [sáuər]	① ② ③ ④		(맛이) 신, 시큼한, 상한	① ② ③ ④
3521	source [sɔːrs]	① ② ③ ④		원천, 근원, 출처	① ② ③ ④
3522	souvenir [sùːvəníəːr]	① ② ③ ④		기념품	① ② ③ ④
3523	sovereign [sávərin]	① ② ③ ④		주권자, 군주, 통치자, 주권이 있는	① ② ③ ④
3524	sovereignty [sáv-ərinti]	① ② ③ ④		주권, 통치권	① ② ③ ④
3525	sow [sou]	① ② ③ ④		씨를 뿌리다, 퍼뜨리다	① ② ③ ④
3526	soybean [sɔ́ibìːn]	① ② ③ ④		콩	① ② ③ ④
3527	spacecraft [spéiskræft]	① ② ③ ④		우주선	① ② ③ ④
3528	spaceship [spéisʃìp]	① ② ③ ④		우주선	① ② ③ ④

3517 소울메이트(soulmate): 마음의 친구, 영혼이 통하는 사람

✓ STEP 1

3529 ① ② ③

넓은 동화나라의 요정들은 어디에
있었어?
숲에 있었어!
☺ 넓은 ⇨ 스페이셔스

3530 ① ② ③

삽으로 파서 나온 것은?
스페이드 카드.
☺ 삽 ⇨ 스페이드

3531 ① ② ③

한 뼘도 안 되는 작은 숲에 뭐가
있지?
그 작은 **숲엔** 내 땅이 있어.
☺ 한 뼘 ⇨ 스팬

3532 ① ② ③

왜 엄마가 엉덩이를 **찰싹** 때렸어?
스쿠터 바퀴에 펑크를 내서 그래.
☺ 찰싹 때리다 ⇨ 스팽크

3533 ① ② ③

차에 있는 **여분의** 타이어를 뭐라고 해?
스페어타이어.
☺ 여분의 ⇨ 스페어

3534 ① ② ③

서커스단이 **불꽃을 튀긴** 곳은?
서커스가 펼쳐지는 **파크**(park,공원)야.
☺ 불꽃을 튀기다 ⇨ 스파-크

3535 ① ② ③

불꽃놀이 하는 줄을 어떻게 알았어?
스카우트 대회 날 밖을 보고 알았어.
☺ 불꽃 ⇨ 스파-클

3536 ① ② ③

글씨 사이에 공간을 둔 이유는?
스페이스바를 누르고 이니셜을 적으려고.
☺ 공간의 ⇨ 스페이셜

3537 ① ② ③

이장님의 **연설이** 어디서 나오지?
스피커로 흘러나와.
☺ 연설하다 ⇨ 스피-크

3538 ① ② ③

창던지기 부문에 참가한 선수는?
브리트니 **스피어스.**
☺ 창 ⇨ 스피어

3539 ① ② ③

특별한 날에는 무엇을 먹어?
스페셜 요리를 먹어.
☺ 특별한 ⇨ 스페셜

3540 ① ② ③

이제는 자동차를 **전문으로 다룰** 수
있는 나이겠네요?
그럼요, 스페셜한 **나이죠.**
☺ 전문으로 다루다 ⇨
스페셜라이즈

3529 넓은	3530 삽	3531 한 뼘

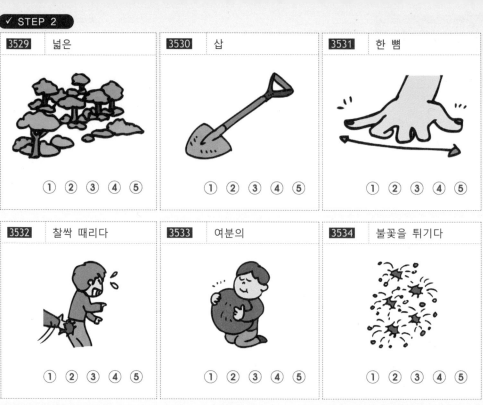

① ② ③ ④ ⑤　　① ② ③ ④ ⑤　　① ② ③ ④ ⑤

3532 찰싹 때리다	3533 여분의	3534 불꽃을 튀기다

① ② ③ ④ ⑤　　① ② ③ ④ ⑤　　① ② ③ ④ ⑤

3535 불꽃	3536 공간의	3537 연설하다

① ② ③ ④ ⑤　　① ② ③ ④ ⑤　　① ② ③ ④ ⑤

3538 창	3539 특별한	3540 전문으로 다루다

① ② ③ ④ ⑤　　① ② ③ ④ ⑤　　① ② ③ ④ ⑤

3529	spacious [spéiʃəs]	① ② ③ ④		넓은 (범위의)	① ② ③ ④
3530	spade [speid]	① ② ③ ④		가래, 삽	① ② ③ ④
3531	span [spæn]	① ② ③ ④		한 뼘, 짧은 길이, 지름	① ② ③ ④
3532	spank [spæŋk]	① ② ③ ④		(엉덩이를) 찰싹 때리다	① ② ③ ④
3533	spare [spɛər]	① ② ③ ④		아끼다, 잡아두다, 여분의, 예비의	① ② ③ ④
3534	spark [spɑːrk]	① ② ③ ④		일으키다, 불꽃을 튀기다, 섬광, 불씨, 활기	① ② ③ ④
3535	sparkle [spɑ́ːrk-əl]	① ② ③ ④		불꽃, 번쩍임	① ② ③ ④
3536	spatial [spéiʃ-əl]	① ② ③ ④		공간의, 공간적인	① ② ③ ④
3537	speak [spiːk]	① ② ③ ④		이야기하다, 연설하다, 나타내다	① ② ③ ④
3538	spear [spiə:r]	① ② ③ ④		창, 작살	① ② ③ ④
3539	special [spéʃ-əl]	① ② ③ ④		특별한, 전문의, 전용의	① ② ③ ④
3540	specialize [spéʃ-əlàiz]	① ② ③ ④		전문으로 다루다, 전공하다	① ② ③ ④

3536 이니셜(initial): 머리글자 3538 브리트니 스피어스(Britney Spears): 미국 솔로 여성 가수

✓ STEP 1

3541 ① ② ③

인간과 다른 종이 있다는 것을 생각한 계기는?
영화 "스피시즈"를 보았을 때야.
☺ 종 ⇨ 스피-쉬즈

3542 ① ② ③

철학자가 먹는 **특정한** 요리 방법은?
스피노자가 만든 레시피야.
☺ 특정한 ⇨ 스피시피크

3543 ① ② ③

누구의 **이름을 일일이** 말하고 있어?
불법으로 숲에서 파이를 구운 사람들!
☺ 일일이 이름을 들어 말하다 ⇨
스페서파이

3544 ① ② ③

어디서 누가 곤충 **표본**을 만들고
있어?
숲에서 맨(man, 남자)이.
☺ 표본 ⇨ 스페서먼

3545 ① ② ③

멋진 **광경**을 보면 사람들은 뭐라고
말해?
"참 스펙터클하네!"
☺ 광경 ⇨ 스펙터클

3546 ① ② ③

목격자의 진술은?
"수백 대를 때리고 그 웨이터는
달아났어요"
☺ 목격자 ⇨ 스펙테이터

3547 ① ② ③

미술관에서 **사색하는** 방법은?
스펙타클(spectacle/안경)을 쓰고
큐레이터(curator)의 설명을 들으면 돼.
☺ 사색하다 ⇨ 스펙큐레이트

3548 ① ② ③

철자시간에 연습하는 것은?"
스펠링 연습.
☺ 철자하다 ⇨ 스펠

3549 ① ② ③

아이가 어떤 펜도 **낭비했니**?
비싼 스위스 펜도 낭비했어.
☺ 낭비하다 ⇨ 스펜드

3550 ① ② ③

동그란 **구형**의 연못에 피어난 것은?
연꽃 봉우리가 숙 피어났어.
☺ 구 ⇨ 스피어

3551 ① ② ③

양념은 어디에 있어?
수퍼에 있어.
☺ 양념 ⇨ 스파이스

3552 ① ② ③

엎지른 물에 뭐가 젖었어?
수필집.
☺ 엎지르다 ⇨ 스필

3541 종	3542 특정한	3543 일일이 이름을 들어 말하다
① ② ③ ④ ⑤	① ② ③ ④ ⑤	① ② ③ ④ ⑤
3544 표본	3545 광경	3546 목격자
① ② ③ ④ ⑤	① ② ③ ④ ⑤	① ② ③ ④ ⑤
3547 사색하다	3548 철자하다	3549 낭비하다
① ② ③ ④ ⑤	① ② ③ ④ ⑤	① ② ③ ④ ⑤
3550 구	3551 양념	3552 엎지르다
① ② ③ ④ ⑤	① ② ③ ④ ⑤	① ② ③ ④ ⑤

3541	species [spíːʃi(ː)z]	① ② ③ ④		종(種: 생물 분류의 기초 단위), 종류	① ② ③ ④
3542	specific [spisífik]	① ② ③ ④		명확한, 구체적인, 특정한, 특유한	① ② ③ ④
3543	specify [spésəfài]	① ② ③ ④		일일이 이름을 들어 말하다, 자세히 쓰다	① ② ③ ④
3544	specimen [spésimən]	① ② ③ ④		견본, 표본 검사, 연구를 위한 재료	① ② ③ ④
3545	spectacle [spéktəkl]	① ② ③ ④		광경, 장관, (굉장한) 구경거리, 안경	① ② ③ ④
3546	spectator [spektéitər]	① ② ③ ④		관객, 목격자, 방관자	① ② ③ ④
3547	speculate [spékjuléit]	① ② ③ ④		사색하다, 숙고하다, 투기하다	① ② ③ ④
3548	spell [spel]	① ② ③ ④		철자하다, 뜯어보다, 한동안의 계속	① ② ③ ④
3549	spend [spend]	① ② ③ ④		(시간, 돈을) 쓰다, 낭비하다	① ② ③ ④
3550	sphere [sfiər]	① ② ③ ④		구(球), 구체(둥근 모양), (활동)영역, 범위	① ② ③ ④
3551	spice [spais]	① ② ③ ④		양념, 풍미, 방향	① ② ③ ④
3552	spill [spil]	① ② ③ ④		엎지르다, 흩뜨리다	① ② ③ ④

3541 스피시즈(species): 반인간 외계인의 투쟁과 사랑을 다룬 과학소설, SF(Science Fiction)영화 3542 스피노자(Spinoza): 네덜란드의 철학자 3547 큐레이터(curator): (박물관, 미술관 등) 전시 책임자

✓ STEP 1

3553 ① ② ③

핸들을 **빠르게 돌리는** 이유는?
악마의 **숲**인 이곳을 빨리 나가야 되기
때문이야.

☺ 빠르게 돌다 ⇨ 스핀

3554 ① ② ③

척추가 휜 고대 병사들은?
스파르타인 병사들이야.

☺ 척추 ⇨ 스파인

3555 ① ② ③

나선 계단에 뭐가 얼어붙어 있지?
스파이들이 **얼어붙어** 있어.

☺ 나선 ⇨ 스파이어럴

3556 ① ② ③

정신을 맑게 해 준 게 뭐야?
숲에서 들려오는 피리소리.

☺ 정신 ⇨ 스피리트

3557 ① ② ③

학생들이 **뱉은** 침으로 더러워진 곳은?
학교 뒤 **숲**이야.

☺ 뱉다 ⇨ 스피트

3558 ① ② ③

계속에서 **첨벙거리며** 급히 뛰어간 이유는?
숲에 두고 온 **후레쉬**를 가지러.

☺ 첨벙거리다 ⇨ 스플래쉬

3559 ① ② ③

별이 **빛나는** 밤에 운동하기는 어때?
수풀에서 **뒤도** 안보고 운동할 정도야.

☺ 빛나는 ⇨ 스플렌디드

3560 ① ② ③

숲은 잘 **갈라져** 있을까?
응, 수많은 풀잎이 양쪽으로 나눠져 있어.

☺ 갈라지다 ⇨ 스플리트

3561 ① ② ③

영화에 대한 기대를 **상하게 하는** 것은?
스포일러의 글.

☺ 상하게 하다 ⇨ 스포일

3562 ① ② ③

이번 **대표자**는?
스위스 포크 쓴 퍼슨(person,사람).

☺ 대표자 ⇨ 스포크스퍼-슨

3563 ① ② ③

광고주들이 싫어하는 것은?
스판 바지 서로 입기.

☺ 광고주 ⇨ 스판서

3564 ① ② ③

봉사활동에 **자발적으로** 참가한 저
여자 누구야~?
스판 바지 입은 테니스선수 말하는
거지? 내 애인이었어.

☺ 자발적인 ⇨ 스판테이녀스

3553 빠르게 돌다	3554 척추	3555 나선
	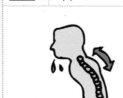	
① ② ③ ④ ⑤	① ② ③ ④ ⑤	① ② ③ ④ ⑤

3556 정신	3557 뱉다	3558 첨벙거리다

① ② ③ ④ ⑤	① ② ③ ④ ⑤	① ② ③ ④ ⑤

3559 빛나는	3560 갈라지다	3561 상하게 하다

① ② ③ ④ ⑤	① ② ③ ④ ⑤	① ② ③ ④ ⑤

3562 대표자	3563 광고주	3564 자발적인

① ② ③ ④ ⑤	① ② ③ ④ ⑤	① ② ③ ④ ⑤

3553	spin [spin]	① ② ③ ④		빠르게 돌(리)다, 방적하다, 회전	① ② ③ ④
3554	spine [spain]	① ② ③ ④		등뼈, 척추, 가시	① ② ③ ④
3555	spiral [spái-ərəl]	① ② ③ ④		나선 모양의, 나선	① ② ③ ④
3556	spirit [spírit]	① ② ③ ④		정신, 영혼, 마음, 용기, 사람	① ② ③ ④
3557	spit [spít]	① ② ③ ④		뱉다, 내뱉다	① ② ③ ④
3558	splash [splæʃ]	① ② ③ ④		물을 튀기다(튀다), 첨벙거리다	① ② ③ ④
3559	splendid [spléndid]	① ② ③ ④		빛나는, 화려한, 멋진, 찬란한	① ② ③ ④
3560	split [split]	① ② ③ ④		쪼개다, 나누다, 갈라지다, 분담하다	① ② ③ ④
3561	spoil [spɔil]	① ② ③ ④		망치다, 상하게 하다, 버릇없이 기르다	① ② ③ ④
3562	spokesperson [spoukspə̀:rs-ən]	① ② ③ ④		대변인, 대표자	① ② ③ ④
3563	sponsor [spánsə:r]	① ② ③ ④		보증인, 후원자, 광고주	① ② ③ ④
3564	spontaneous [spantéiniəs]	① ② ③ ④		자연의, 자발적인	① ② ③ ④

3554 스파르타(Sparta): 고대 그리스의 도리아인이 세운 도시국가 3561 스포일러(Spoiler): 영화, 소설 등에서 처음에 밝히지 않은 다음 줄거리나 내용을 관객, 독자 또는 네티즌에게 미리 밝혀버리는 행위

✓ STEP 1

3565 ① ② ③	3566 ① ② ③	3567 ① ② ③
별똥별은 저 **지점**으로 어떻게 떨어졌어? 스스로 팍 떨어졌어. ☺ 지점 ⇨ 스파트	**부부**가 피부 관리하는 방법은? 스파에서 웃으며 관리해. ☺ 부부 ⇨ 스파우스	**발목**을 어떻게 삐었어? 수풀에서 인도로 넘어가다가 넘어졌어. ☺ 발목 ⇨ 스프레인

3568 ① ② ③	3569 ① ② ③	3570 ① ② ③
물을 뿌리고 있는 건 뭐야? 스프레이. ☺ 물을 뿌리다 ⇨ 스프레이	널리 **퍼진** 요리법은 뭐지? 감자 스프에 레드 와인을 넣는 요리법. ☺ 퍼지다 ⇨ 스프레드	아이들이 **뛰어오르며** 노는 곳은? 침대 스프링. ☺ 뛰어오르다 ⇨ 스프링

3571 ① ② ③	3572 ① ② ③	3573 ① ② ③
정원에 물을 **뿌리는** 기구는? 스프링클러(sprinkler, 물 뿌리는 장치). ☺ 뿌리다 ⇨ 스프링컬	**단거리 경주** 일정을 언제 줄까? 지금 어서 프린트 해줘! ☺ 단거리 경주 ⇨ 스프린트	**싹이 튼** 감자로 만든 것은? 라면 스프라우~(스프랍니다) ☺ 싹이 트다 ⇨ 스프라우트

3574 ① ② ③	3575 ① ② ③	3576 ① ② ③
'브로드웨이', '7번가'가 만나는 **광장**은? 뉴욕 타임스퀘어. ☺ 광장 ⇨ 스퀘어	머리를 쥐어**짜며** 푸는 퀴즈는? 스피드 퀴즈. ☺ 짜다 ⇨ 스퀴-즈	펜싱에서 **찌르는** 방법은? 스텝(step)을 앞으로 쭉 뻗으며 찔러. ☺ 찌르다 ⇨ 스탭

3565 지점	3566 부부	3567 발목

① ② ③ ④ ⑤	① ② ③ ④ ⑤	① ② ③ ④ ⑤

3568 물을 뿌리다	3569 퍼지다	3570 뛰어오르다

① ② ③ ④ ⑤	① ② ③ ④ ⑤	① ② ③ ④ ⑤

3571 뿌리다	3572 단거리 경주	3573 싹이 트다

① ② ③ ④ ⑤	① ② ③ ④ ⑤	① ② ③ ④ ⑤

3574 광장	3575 짜다	3576 찌르다

① ② ③ ④ ⑤	① ② ③ ④ ⑤	① ② ③ ④ ⑤

3565	spot [spɑt]	①	②		점, 장소, 지점	①	②
		③	④			③	④
3566	spouse [spaus]	①	②		배우자, 부부	①	②
		③	④			③	④
3567	sprain [sprein]	①	②		삐다, 뼘, 염좌	①	②
		③	④			③	④
3568	spray [sprei]	①	②		물을 뿌리다, 뿜어 나오다, 물보라, 분무기	①	②
		③	④			③	④
3569	spread [spred]	①	②		펴다, 흩뿌리다, 보급하다, 퍼지다	①	②
		③	④			③	④
3570	spring [spriŋ]	①	②		뛰어오르다, 튀다, 봄, 스프링, 샘, 도약	①	②
		③	④			③	④
3571	sprinkle [spríŋk-əl]	①	②		(흩)뿌리다	①	②
		③	④			③	④
3572	sprint [sprint]	①	②		단거리를 빨리 달리다, 단거리 경주	①	②
		③	④			③	④
3573	sprout [spraut]	①	②		싹이 트다, 발아하다	①	②
		③	④			③	④
3574	square [skwɛə:r]	①	②		정사각형, 광장	①	②
		③	④			③	④
3575	squeeze [skwi:z]	①	②		짜(내)다, 꽉 쥐다, 몰아넣다	①	②
		③	④			③	④
3576	stab [stæb]	①	②		찌르다, 찌르기, 찔린 상처	①	②
		③	④			③	④

✓ STEP 1

3577 ① ② ③

견고한 고구마를 어떻게 먹었어?
가마솥에 익혀 이불속에서 먹었어.
☺ 견고한 ⇨ 스테이블

3578 ① ② ③

"육상 경기가 열리는 **경기장** 이름은?"
"대구 스테디엄."
☺ 경기장 ⇨ 스테이디엄

3579 ① ② ③

직원회의에 몇 명이 참석했어?
전 스태프가 다 참석했어.
☺ 직원 ⇨ 스태프

3580 ① ② ③

연극 중에 관객이 올라온 곳은?
스테이지.

☺ 연극 ⇨ 스테이쥐

3581 ① ② ③

데일까봐 **망설이다** 든 것은?
뜨거운 솥에 걸린 국자.

☺ 망설이다 ⇨ 스태거

3582 ① ② ③

물이 **흐르지 않는** 수돗가에서 뭐 했지?
수돗가에서 떼구르르 구르는 넌, 참
특이해!

☺ 흐르지 않는 ⇨ 스태그넌트

3583 ① ② ③

얼룩진 옷을 입은 사람들은 누구야?
마을 뒤 숲에 사는 유태인들.

☺ 얼룩 ⇨ 스테인

3584 ① ② ③

상한 우유를 마셔 배탈이 난건 언제
일이야?
집에 있슬(을) 때 일이야.

☺ 상한 ⇨ 스테일

3585 ① ② ③

거인이 **성큼성큼 걸어와**서 한 행동은?
버스 한가운데에 턱 누웠어.

☺ 성큼성큼 걷다 ⇨ 스토-크

3586 ① ② ③

마구간에서 소에게 뭐 했어?
소 코털을 간지럽혔어.

☺ 마구간 ⇨ 스토-올

3587 ① ② ③

넌 언제 **말을 더듬**니?
스테이크 먹을 때 말을 더듬게
되더라.

☺ 말을 더듬다 ⇨ 스태머

3588 ① ② ③

홈런을 날리자 어디에 있던 관중들이
모두 일어섰지?
스탠드에 있던 관중들.

☺ 일어서다 ⇨ 스탠드

3577 견고한	3578 경기장	3579 직원
① ② ③ ④ ⑤	① ② ③ ④ ⑤	① ② ③ ④ ⑤
3580 연극	3581 망설이다	3582 흐르지 않는
① ② ③ ④ ⑤	① ② ③ ④ ⑤	① ② ③ ④ ⑤
3583 얼룩	3584 상한	3585 성큼성큼 걷다
① ② ③ ④ ⑤	① ② ③ ④ ⑤	① ② ③ ④ ⑤
3586 마구간	3587 말을 더듬다	3588 일어서다
① ② ③ ④ ⑤	① ② ③ ④ ⑤	① ② ③ ④ ⑤

3577	**stable** [stéibl]	① ② ③ ④		안정된, 견고한, 확실한, 마구간	① ② ③ ④
3578	**stadium** [stéidiəm]	① ② ③ ④		(육상)경기장	① ② ③ ④
3579	**staff** [stæf/stɑːf]	① ② ③ ④		막대기, 참모, 직원	① ② ③ ④
3580	**stage** [steidʒ]	① ② ③ ④		무대, 연극, 단계	① ② ③ ④
3581	**stagger** [stǽɡər]	① ② ③ ④		비틀거리다, 망설이다, 흔들리게 하다	① ② ③ ④
3582	**stagnant** [stǽɡnənt]	① ② ③ ④		흐르지 않는, 정체된	① ② ③ ④
3583	**stain** [stein]	① ② ③ ④		더러움, 얼룩, 착색	① ② ③ ④
3584	**stale** [steil]	① ② ③ ④		(음식이) 상한	① ② ③ ④
3585	**stalk** [stɔːk]	① ② ③ ④		줄기, 성큼성큼 걷다	① ② ③ ④
3586	**stall** [stɔːl]	① ② ③ ④		마구간, 매점, 노점	① ② ③ ④
3587	**stammer** [stǽmər]	① ② ③ ④		말을 더듬다	① ② ③ ④
3588	**stand** [stænd]	① ② ③ ④		일어서다, 멈춰서다, 위치해 있다, 참다	① ② ③ ④

✓ STEP 1

3589 ① ② ③

책상 규격에 맞는 스탠드 찾았니?
스탠드를 드디어 찾았어.
☺ 규격 ⇨ 스탠더드

3590 ① ② ③

네 관점에서 잘 어울리지 않는 부분을 말해봐?
스탠드와 포인트 벽지.
☺ 관점 ⇨ 스탠드포인트

3591 ① ② ③

주요 서류를 고정 시키는 것은?
스테이플러(stapler).
☺ 주요한 ⇨ 스테이펄

3592 ① ② ③

누구를 빤히 쳐다보고 있어?
스페인에서 태어난 내 조카.
☺ 빤히 보다 ⇨ 스태어

3593 ① ② ③

별(star)의 형용사형은?
스타리.
☺ 별 같은 ⇨ 스타-리

3594 ① ② ③

사람들을 깜짝 놀라게 하는 그 선수의 재능은?
스타트를 빨리 하는 능력이야.
☺ 깜짝 놀라게 하다 ⇨ 스타-틀

3595 ① ② ③

기아체험 때 배에서 꼬르륵 소리가 난 사람은?
스타 배에선(배에서) 꼬르륵 소리가 났어.
☺ 기아 ⇨ 스타-베이션

3596 ① ② ③

살 빼려고 굶주리다간 어떻게 되지?
스스로 탈나버려.
☺ 굶주리다 ⇨ 스타-브

3597 ① ② ③

우리 주에서 스프는 어떻게 만들어?
솥에 이틀간 끓여서.
☺ 주 ⇨ 스테이트

3598 ① ② ③

당당하게 무대에 올랐는데 무슨 일이 벌어졌어?
스테이지(stage-무대)에서 틀니가 빠져버렸어.
☺ 당당한 ⇨ 스테이틀리

3599 ① ② ③

정적인 상태에서 어떻게 불꽃이 튀었지?
숯에서 틱! 하고 튀었어.
☺ 정적인 ⇨ 스태틱

3600 ① ② ③

스타들은 통계적으로 휴지를 어떻게 쓰지?
스타는 티슈를 틱~ 뽑아 써.
☺ 통계 ⇨ 스테이티스틱스

3589 규격	3590 관점	3591 주요한

① ② ③ ④ ⑤	① ② ③ ④ ⑤	① ② ③ ④ ⑤
3592 빤히 보다	3593 별 같은	3594 깜짝 놀라게 하다
① ② ③ ④ ⑤	① ② ③ ④ ⑤	① ② ③ ④ ⑤
3595 기아	3596 굶주리다	3597 주
① ② ③ ④ ⑤	① ② ③ ④ ⑤	① ② ③ ④ ⑤
3598 당당한	3599 정적인	3600 통계
① ② ③ ④ ⑤	① ② ③ ④ ⑤	① ② ③ ④ ⑤

3589	standard [stǽndəːrd]	①	②		표준, 규격	①	②
		③	④			③	④
3590	standpoint [stǽndpɔ́int]	①	②		관점, 입장	①	②
		③	④			③	④
3591	staple [stéip-əl]	①	②		주요한, 주요 산물, 꺾쇠, 철침(으로 박다)	①	②
		③	④			③	④
3592	stare [stɛəːr]	①	②		빤히 보다, 응시하다, 응시	①	②
		③	④			③	④
3593	starry [stáːri]	①	②		별의, 별이 많은, 별이 총총한, 별 같은	①	②
		③	④			③	④
3594	startle [stáːrtl]	①	②		깜짝 놀라게 하다	①	②
		③	④			③	④
3595	starvation [staːrvéiʃ-ən]	①	②		굶주림, 기아	①	②
		③	④			③	④
3596	starve [staːrv]	①	②		굶주리다, 절망하다, 굶어 죽다	①	②
		③	④			③	④
3597	state [steit]	①	②		상태, 말하다, 주, 국가	①	②
		③	④			③	④
3598	stately [stéitli]	①	②		위엄 있는, 당당한	①	②
		③	④			③	④
3599	static [stǽtik]	①	②		정적인, 정지 상태의	①	②
		③	④			③	④
3600	statistics [stéitistiks]	①	②		통계(표), 통계학	①	②
		③	④			③	④

✓ STEP 1

3601 ① ② ③

그 사람은 **조각상**과 뭐가 비슷해서
추위에 떨면서 거기 서 있었어야 했어?
처지가 비슷해 **추위에 떨었어.**
☺ 조각상 ⇨ 스태츄-

3602 ① ② ③

이제 너하고 **키**가 어때?
비슷해! 1년만 지나면 반드시
추월할거야!
☺ 키 ⇨ 스태쳐

3603 ① ② ③

신분에 관련된 책은 어디에 있었어?
스테디셀러 코너에 **있었어.**
☺ 신분 ⇨ 스테이터스

3604 ① ② ③

한국에 **머물렀던** 영국의 공주는?
스테파니 공주가 **이틀간** 머물렀어.
☺ 머무르다 ⇨ 스테이

3605 ① ② ③

확고한 지지를 받은 스테파니는
어떻게 되었어?
스테파니가 **드디어**
퍼스트레이디(영부인)가 되었어.
☺ 확고한 ⇨ 스테드퍼스트

3606 ① ② ③

꾸준히 잘 팔리는 책을 뭐라 하지?
스테디셀러.
☺ 꾸준한 ⇨ 스테디

3607 ① ② ③

도둑이 물건을 **훔치다** 중단한 이유는?
스스로 제 발 저려서 **튈려고.**
☺ 훔치다 ⇨ 스티-일

3608 ① ② ③

강철이 몸에 스치면 어때?
스칠 경우 몹시 아파.
☺ 강철 ⇨ 스티-일

3609 ① ② ③

가파른 언덕에서 뭐 해?
스티로폼 공 가지고 골프하네.
☺ 가파른 ⇨ 스티-프

3610 ① ② ③

집으로 **향하던** 중 뭘 했어?
스티커를 샀어. 어머니한테 갖다
드리려고!
☺ 향하다 ⇨ 스티어

3611 ① ② ③

별 모양은 크레용으로 그렸니?
아니, **파스텔**로 그렸어.
☺ 별 모양의 ⇨ 스텔러

3612 ① ② ③

식물의 **줄기**를 배양시키는 시스템이
개발되었다며?
응, 줄기 배양 시스템이야.
☺ 줄기 ⇨ 스템

3601 조각상	3602 키	3603 신분
① ② ③ ④ ⑤	① ② ③ ④ ⑤	① ② ③ ④ ⑤
3604 머무르다	3605 확고한	3606 꾸준한
① ② ③ ④ ⑤	① ② ③ ④ ⑤	① ② ③ ④ ⑤
3607 훔치다	3608 강철	3609 가파른
① ② ③ ④ ⑤	① ② ③ ④ ⑤	① ② ③ ④ ⑤
3610 향하다	3611 별 모양의	3612 줄기
① ② ③ ④ ⑤	① ② ③ ④ ⑤	① ② ③ ④ ⑤

		①	②			①	②
3601	**statue** [stǽtʃuː]	③	④		조각상	③	④
3602	**stature** [stǽtʃəːr]	①	②		키, 신장, 크기	①	②
		③	④			③	④
3603	**status** [stéitəs]	①	②		지위, 신분, 상태	①	②
		③	④			③	④
3604	**stay** [stei]	①	②		머무르다, ~인 채로 있다	①	②
		③	④			③	④
3605	**steadfast** [stédfəst]	①	②		확고한, 흔들리지 않는	①	②
		③	④			③	④
3606	**steady** [stédi]	①	②		고정된, 안정된, 꾸준한, 견고하게 하다	①	②
		③	④			③	④
3607	**steal** [stiːl]	①	②		훔치다, 도용하다, 도루하다	①	②
		③	④			③	④
3608	**steel** [stiːl]	①	②		강철, 철강(산업)	①	②
		③	④			③	④
3609	**steep** [stiːp]	①	②		가파른, 적시다, 몰두시키다	①	②
		③	④			③	④
3610	**steer** [stíər]	①	②		조종하다, 향하다	①	②
		③	④			③	④
3611	**stellar** [stélər]	①	②		별의, 별 모양의	①	②
		③	④			③	④
3612	**stem** [stem]	①	②		줄기, 종족, 저지하다	①	②
		③	④			③	④

3603 스테디셀러(steady:고정된, 확고한 seller:팔리는 물건): 오랜 기간에 걸쳐 꾸준히 잘 팔리는 책

✓ STEP 1

3613 ① ② ③

연판을 찍다가 갑자기 무슨 생각하니?
"참, 미스테리야, 내가 **어따** 나이프를 뒀더라?"
☺ 연판 ⇨ 스테리어타이프

3614 ① ② ③

열매를 맺지 않는 나무를 보고 열 받아서 동생에게 한 행동은?
히스테릴 부렸어.
☺ 열매를 맺지 않는 ⇨ 스테릴

3615 ① ② ③

단호한 태도로 돌아선 남자는 어디로 떠났어?
보스턴.
☺ 단호한 ⇨ 스터-언

3616 ① ② ③

막대기처럼 생긴 것은?
치즈로 만든 스틱이야.
☺ 막대기 ⇨ 스틱

3617 ① ② ③

산에 갈 때 신발에 잘 **들러붙는** 것은?
스틱(stick,나뭇가지)이 잘 들러붙어.
☺ 들러붙는 ⇨ 스티키

3618 ① ② ③

떼기 **어려운** 스티커를 떼어내는 방법은?
스티커를 샤프로 떼어내면 돼.
☺ 어려운 ⇨ 스티프

3619 ① ② ③

고요한 곳에서 들리는 소리는?
옷과 바람이 스치는 소리.
☺ 고요한 ⇨ 스틸

3620 ① ② ③

열에 **자극받은** 주전자는 무엇을 냈지?
스팀을 내었어.
☺ 자극하다 ⇨ 스티머레이트

3621 ① ② ③

사우나를 열로 **자극** 하는 방법은?
스팀을 넣어서.
☺ 자극 ⇨ 스티뮤러스

3622 ① ② ③

서로에게 주는 **고통**에 대한 영화는?
영화 '스팅'.
☺ 고통 ⇨ 스팅

3623 ① ② ③

상대편 선수들이 **불쾌해진** 이유는?
날카로운 슈팅 끝에 공이 골대로 들어가서.
☺ 불쾌하다 ⇨ 스팅크

3624 ① ② ③

할아버지가 허리를 **움직여서** 운동하시는 곳은?
약수터.
☺ 움직이다 ⇨ 스터-

3613	연판

① ② ③ ④ ⑤

3614	열매를 맺지 않는

① ② ③ ④ ⑤

3615	단호한

① ② ③ ④ ⑤

3616	막대기

① ② ③ ④ ⑤

3617	들러붙는

① ② ③ ④ ⑤

3618	어려운

① ② ③ ④ ⑤

3619	고요한

① ② ③ ④ ⑤

3620	자극하다

① ② ③ ④ ⑤

3621	자극

① ② ③ ④ ⑤

3622	고통

① ② ③ ④ ⑤

3623	불쾌하다

① ② ③ ④ ⑤

3624	움직이다

① ② ③ ④ ⑤

3613	**stereotype** [stériətàip]	① ② ③ ④		① 〖인쇄〗 연판, 스테로판; 연판 제조 ② 고정 관념, 판에 박힌 문구, * 고정시키다; 판에 박다.	① ② ③ ④
3614	**sterile** [stéril]	① ② ③ ④		① 메마른, 불모의(땅 따위); 흉작의; 자식을 못 낳는, 불임의. ② 내용이 빈약한	① ② ③ ④
3615	**stern** [stə:rn]	① ② ③ ④		엄격한, 단호한	① ② ③ ④
3616	**stick** [stik]	① ② ③ ④		붙이다, 찌르다, 막대기	① ② ③ ④
3617	**sticky** [stíki]	① ② ③ ④		끈적한, 들러붙는, 귀찮은	① ② ③ ④
3618	**stiff** [stif]	① ② ③ ④		뻣뻣한, 완강한, 어려운	① ② ③ ④
3619	**still** [stil]	① ② ③ ④		정지한, 소리 없는, 조용한, 고요한, 아직도, 그럼에도	① ② ③ ④
3620	**stimulate** [stímjəlèit]	① ② ③ ④		자극하다, 흥분시키다	① ② ③ ④
3621	**stimulus** [stimjuləs]	① ② ③ ④		자극, 격려, 자극물, 흥분제	① ② ③ ④
3622	**sting** [stiŋ]	① ② ③ ④		찌르다, 고통을 주다, 고통, 찌르기, 침	① ② ③ ④
3623	**stink** [stiŋk]	① ② ③ ④		고약한 냄새가 나다, 불쾌하다	① ② ③ ④
3624	**stir** [stə:r]	① ② ③ ④		움직이다, 분발시키다	① ② ③ ④

✓ STEP 1

3625 ① ② ③

비축해 두라는 주식은 어디서 매입해?
코스닥에서 매입해.
☺ 비축하다 ⇨ 스탁

3626 ① ② ③

배고프면 뭘 먹어?
스타벅스에서 케익을 먹어.
☺ 배 ⇨ 스타먹

3627 ① ② ③

비행기에서 몸을 굽혀 대화한 사람은?
스튜어디스와 프랑스인.
☺ 몸을 굽히다 ⇨ 스투-프

3628 ① ② ③

창고에 황금이 있다는 건
니가 지어낸 스토리지?
☺ 창고 ⇨ 스토-리쥐

3629 ① ② ③

가게 앞에 누가 어슬렁거려?
스토커가 어슬렁거려.
☺ 가게 ⇨ 스토-

3630 ① ② ③

뚱뚱한
스타를 스카웃하는 건 쉽지 않아.
☺ 뚱뚱한 ⇨ 스타우트

3631 ① ② ③

허리를 똑바로 하고
스트레칭을 하자, 이튿날 아픈 허리가
다 나았어.
☺ 똑바르게 하다 ⇨ 스트레이튼

3632 ① ② ③

머리를 똑바르게 피려면?
스트레이트 파마도 좋아.
☺ 똑바른 ⇨ 스트레이트포-워드

3633 ① ② ③

승객들을 긴장시킨 것은?
갑자기 스포츠카가 트레인(train,
기차)에 다가와서.
☺ 긴장시키다 ⇨ 스트레인

3634 ① ② ③

궁핍하게 사는 이유는?
매직스트레이트를 하느라 돈을 다
써서.
☺ 궁핍 ⇨ 스트레이트

3635 ① ② ③

어느 나라에 있는 물가에서 놀았어?
스코트랜드에 있는 물가에서 놀았어.
☺ 물가 ⇨ 스트랜드

3636 ① ② ③

더위를 어떻게 **참았어**?
스트레칭 후 냉수와 베이글을 먹으며
참았어.
☺ 참다 ⇨ 스트랭글

3625 비축하다	3626 배	3627 몸을 굽히다
① ② ③ ④ ⑤	① ② ③ ④ ⑤	① ② ③ ④ ⑤
3628 창고	3629 가게	3630 뚱뚱한
① ② ③ ④ ⑤	① ② ③ ④ ⑤	① ② ③ ④ ⑤
3631 똑바르게 하다	3632 똑바른	3633 긴장시키다
① ② ③ ④ ⑤	① ② ③ ④ ⑤	① ② ③ ④ ⑤
3634 궁핍	3635 물가	3636 참다
① ② ③ ④ ⑤	① ② ③ ④ ⑤	① ② ③ ④ ⑤

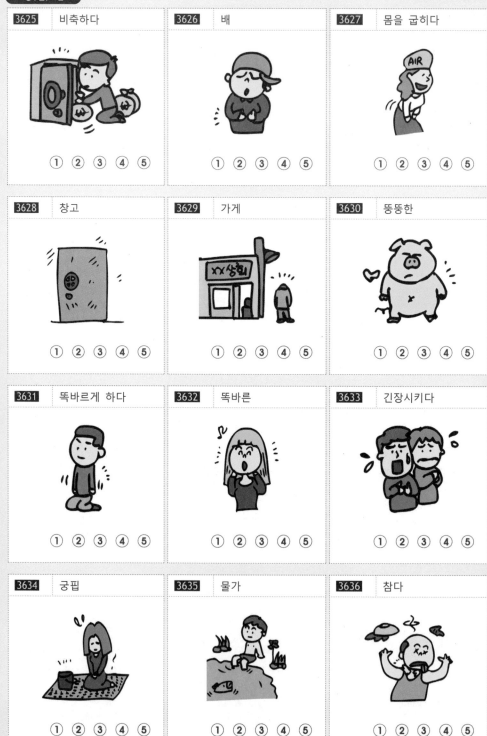

3625	stock [stɑk/stɔk]	①	②		줄기, 저장, 재고(의), 비축하다	①	②
		③	④			③	④
3626	stomach [stʌ́mək]	①	②		위, 배	①	②
		③	④			③	④
3627	stoop [stu:p]	①	②		몸을 굽히다, 자기를 낮추다	①	②
		③	④			③	④
3628	storage [stɔ́:ridʒ]	①	②		저장, 창고, 보관	①	②
		③	④			③	④
3629	store [stɔ:r]	①	②		저장하다, 가게, 저장품	①	②
		③	④			③	④
3630	stout [staut]	①	②		단단한, 단호한, 뚱뚱한	①	②
		③	④			③	④
3631	straighten [stréitn]	①	②		똑바르게 하다	①	②
		③	④			③	④
3632	straightforward [streɪt|fɔ́:rwərd]	①	②		똑바른, 정직한	①	②
		③	④			③	④
3633	strain [strein]	①	②		긴장시키다, 잡아당기다, 긴장, 피로	①	②
		③	④			③	④
3634	strait [streit]	①	②		① 해협.-the Straits of Dover 도버해협 ② 궁상, 곤란, 궁핍.	①	②
		③	④			③	④
3635	strand [strænd]	①	②		물가, 좌초시키다, 궁지에 몰다	①	②
		③	④			③	④
3636	strangle [strǽŋg-əl]	①	②		① 교살하다; 질식(사)시키다 ② (하품을) 참다; 억제, 억압하다	①	②
		③	④			③	④

49

✓ STEP 1

3637 ① ② ③

이번 지뢰 **전략**은 뭐야?
수풀에 지뢰를 설치하여 터지도록
하는 거야.
☺ 전략 ⇨ 스트래터쥐

3638 ① ② ③

뒤로 **처진** 아이는 어떻게 돼?
스타 트레이닝(스타가 되기 위해 받는
트레이닝) 받다가 처지면 탈락이야.
☺ 처진 ⇨ 스트레이

3639 ① ② ③

시냇가에서 뭘 했어?
슈크림을 먹고 트림했어.
☺ 시내 ⇨ 스트리-임

3640 ① ② ③

밤이 되자 불빛이 **강해진** 것은?
스트리트(street,거리)에 있는
랜턴(lantern,등) 불빛이 강해졌어.
☺ 강하게 되다 ⇨ 스트렝쓴

3641 ① ② ③

격렬한 싸움 끝에 그 사람은 어떻게
되었어?
스트레스 받아 땅에 누웠어.
☺ 격렬한 ⇨ 스트레녀스

3642 ① ② ③

영어 **강세** 발음 때문에 공부하기
어때?
스트레스 받아!
☺ 강세 ⇨ 스트레스

3643 ① ② ③

키를 **늘이기** 위한 좋은 방법이 뭐야?
날마다 스트레칭 하면 돼.
☺ 늘이다 ⇨ 스트레취

3644 ① ② ③

크리스마스 때 왜 **다쳤어**?
크리스마스 트리에 큰 별을 달다가
떨어지는 바람에.
☺ 다친 ⇨ 스트리큰

3645 ① ② ③

경찰관이 **엄격하게** 딱지를 뗀 이유는?
스트리트(street,거리)를 무단 횡단했기
때문이야.
☺ 엄격한 ⇨ 스트릭트

3646 ① ② ③

성큼성큼 걸어오는 거인은 누구야?
엑스트라 이드라~(엑스트라야)
☺ 성큼성큼 걷다 ⇨ 스트라이드

3647 ① ② ③

뭘 존중해 달라며 **투쟁**하고 있는 거야?
고스트(ghost,유령)의 라이프(life,인생).
☺ 투쟁 ⇨ 스트라이프

3648 ① ② ③

타자가 공을 못 **치면** 어떻게 돼?
스트라이크.
☺ 치다 ⇨ 스트라이크

3637 전략	3638 처진	3639 시내

① ② ③ ④ ⑤	① ② ③ ④ ⑤	① ② ③ ④ ⑤

3640 강하게 되다	3641 격렬한	3642 강세

① ② ③ ④ ⑤	① ② ③ ④ ⑤	① ② ③ ④ ⑤

3643 늘이다	3644 다친	3645 엄격한

① ② ③ ④ ⑤	① ② ③ ④ ⑤	① ② ③ ④ ⑤

3646 성큼성큼 걷다	3647 투쟁	3648 치다

① ② ③ ④ ⑤	① ② ③ ④ ⑤	① ② ③ ④ ⑤

3637	strategy [strǽtədʒi]	①	②		전략, 용병학(병법)	①	②
		③	④			③	④
3638	stray [strei]	①	②		헤매다, 벗어나다, 처진, 길 잃은	①	②
		③	④			③	④
3639	stream [striːm]	①	②		시내, 흐름	①	②
		③	④			③	④
3640	strengthen [stréŋkə-ən]	①	②		강하게 하다, 강해지다	①	②
		③	④			③	④
3641	strenuous [strénjuəs]	①	②		정력적인, 열심인, 격렬한	①	②
		③	④			③	④
3642	stress [stres]	①	②	positⁱtion	압박, 강제, 강세, 스트레스	①	②
		③	④			③	④
3643	stretch [stretʃ]	①	②		뻗치다, 늘이다, 늘어나다	①	②
		③	④			③	④
3644	stricken [strík-ən]	①	②		맞은, 다친	①	②
		③	④			③	④
3645	strict [strikt]	①	②		엄격한, 정밀한	①	②
		③	④			③	④
3646	stride [stráid]	①	②		성큼성큼 걷다, 큰 걸음, 진보	①	②
		③	④			③	④
3647	strife [stráif]	①	②		투쟁, 쟁의, 불화	①	②
		③	④			③	④
3648	strike [straik]	①	②		치다, 닥치다, 생각나다, 파업	①	②
		③	④			③	④

3639 슈크림(Chou cream): 반죽한 밀가루를 구워 내어 그 속에 크림을 넣은 서양 과자

✓ STEP 1

3649　① ② ③

끈이 무엇처럼 꼬여있지?
스프링처럼 꼬여있어.
☺ 끈 ⇨ 스트링

3650　① ② ③

옷을 **벗는** 쇼는?
스트립 쇼.
☺ 옷을 벗다 ⇨ 스트립

3651　① ② ③

줄무늬가 있는 셔츠는?
스트라이프 셔츠야.
☺ 줄무늬의 ⇨ 스트라이프

3652　① ② ③

무엇을 하면서 관심을 **얻으려 애썼지?**
스트리트(거리)에서 **라이브**로 노래를 부르며.
☺ 얻으려고 애쓰다 ⇨ 스트라이브

3653　① ② ③

조각상을 **쓰다듬는** 사람은 누구지?
일러스트 화가가 바로크 양식의 조각상을 쓰다듬고 있어.
☺ 쓰다듬다 ⇨ 스트로우크

3654　① ② ③

어디서 **거닐면서** 놀지?
스트리트(거리)에서 놀아.
☺ 거닐다 ⇨ 스트로울

3655　① ② ③

연주회 **구성**을 위해서는?
피아니스트의 연락처를 알아야 해.
☺ 구성 ⇨ 스트럭쳐

3656　① ② ③

기사들 간에 왜 **싸움**을 하고 있어?
스쿠터가 트럭을 들이 받았어.
☺ 싸움 ⇨ 스트러글

3657　① ② ③

힌두교인은 얼마나 **고집이 세지?**
스쿠터를 타면서도 **터번**을 벗지 않아.
☺ 고집 센 ⇨ 스터번

3658　① ② ③

누가 돈을 호주머니에 **쑤셔 넣었지?**
스페인 남자가 터프하게 쑤셔 넣었어.
☺ 쑤셔 넣다 ⇨ 스터프

3659　① ② ③

아이가 왜 "모, 몰라~" 하며 **말을 더듬고** 있어?
전에 쓰던 테이블을 잃어버려서.
☺ 말을 더듬다 ⇨ 스텀벌

3660　① ② ③

어떻게 보스턴 친구들을 **기절시켰어?**
한국에 있다가 갑자기 보스턴에 나타났지롱~
☺ 기절시키다 ⇨ 스턴

3649	끈

① ② ③ ④ ⑤

3650	옷을 벗다

① ② ③ ④ ⑤

3651	줄무늬의

① ② ③ ④ ⑤

3652	얻으려고 애쓰다

① ② ③ ④ ⑤

3653	쓰다듬다

① ② ③ ④ ⑤

3654	거닐다

① ② ③ ④ ⑤

3655	구성

① ② ③ ④ ⑤

3656	싸움

① ② ③ ④ ⑤

3657	고집 센

① ② ③ ④ ⑤

3658	쑤셔 넣다

① ② ③ ④ ⑤

3659	말을 더듬다

① ② ③ ④ ⑤

3660	기절시키다

① ② ③ ④ ⑤

3649	string [striŋ]	① ② ③ ④		끈(으로 묶다), 줄, 일련	① ② ③ ④
3650	strip [strip]	① ② ③ ④		빼앗다, 벗기다, 옷을 벗다, 벌거벗다, 제거하다, 조각 (땅)	① ② ③ ④
3651	stripe [straip]	① ② ③ ④		줄무늬의, 줄무늬로 하다	① ② ③ ④
3652	strive [straiv]	① ② ③ ④		노력하다, 얻으려고 애쓰다	① ② ③ ④
3653	stroke [strouk]	① ② ③ ④		쓰다듬다, 공을 치다, 치기, 쓰다듬기, 뇌출혈	① ② ③ ④
3654	stroll [stroul]	① ② ③ ④		거닐다, 산책하다	① ② ③ ④
3655	structure [strʌ́ktʃər]	① ② ③ ④		구조, 구성, 구축하다	① ② ③ ④
3656	struggle [strʌ́gl]	① ② ③ ④		버둥거리다, 노력하다, 싸움, 투쟁	① ② ③ ④
3657	stubborn [stʌ́bərn]	① ② ③ ④		고집 센, 불굴의	① ② ③ ④
3658	stuff [stʌf]	① ② ③ ④		채우다, 쑤셔 넣다, ~것(물건, 재료)	① ② ③ ④
3659	stumble [stʌ́mb-əl]	① ② ③ ④		넘어지다, 비틀거리다, 말을 더듬다	① ② ③ ④
3660	stun [stʌn]	① ② ③ ④		기절시키다, 아찔하게 하다	① ② ③ ④

3657 터번(turban): 이슬람교도 및 중동 여러 나라 남자가 사용하는 머리 장식

✓ STEP 1

3661 ① ② ③

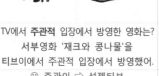

어리석은 학생은?
수학 투(Ⅱ)책을 피지도 못하는 학생.
☺ 어리석은 ⇨ 스투-피드

3662 ① ② ③

잠재의식이라는 음식점에서 어떻게 했어?
서브해준 베이컨을 먹고
딜리셔스~하고 소리쳤어.
☺ 잠재의식의 ⇨ 서브칸셔스

3663 ① ② ③

음악**과목** 시간에 개가 같이 짖는다며?
독서부에서 키우는 개가 따라서
짖드라.
☺ 과목 ⇨ 섭젝트

3664 ① ② ③

TV에서 **주관적** 입장에서 방영한 영화는?
서부영화 '재크와 콩나물'을
티브이에서 주관적 입장에서 방영했어.
☺ 주관의 ⇨ 섭젝티브

3665 ① ② ③

탁월한 선택은 뭐였어?
서부에서 재배하는 라임(lime)을
선택한 것이야.
☺ 탁월한 ⇨ 섭라임

3666 ① ② ③

잠수함을 탈 땐 어떻게 해?
속눈썹과 잔머린 잘 정리해야 해.
☺ 잠수함 ⇨ 섭머리-인

3667 ① ② ③

배구공이 어디에 **잠겼지**?
서브를 멀리 쳐서 쥐가 있는 하수구에
잠겼어.
☺ 잠기다 ⇨ 섭머-쥐

3668 ① ② ③

제출하라는 자료가 뭐지?
서부 지역 미트(meat,고기)에 관한
자료야.
☺ 제출하다 ⇨ 섭미트

3669 ① ② ③

왜 사람들이 **얕보고 놀리지**?
서서 스케이트보드를 넷이 타는 것을
묘기라고 해서.
☺ 얕보다 ⇨ 서보-더니트

3670 ① ② ③

무엇을 **기부하였지**?
김광섭의 디스크를
라이브러리(library,도서관)에 기부했어.
☺ 기부하다 ⇨ 섭스크라이브

3671 ① ② ③

기부금을 내고 간 사람은 누구지?
눈썹만 보이게 마스크로 얼굴을 가린
남자가 리셉션에 기부금을 두고 갔어.
☺ 기부금 ⇨ 섭스크립션

3672 ① ② ③

그 후의 상황은 어땠어?
섭씨 50도에서 펼쳐진 권투는
선수들이 녹초가 되었어.
☺ 그 후의 ⇨ 섭시퀀트

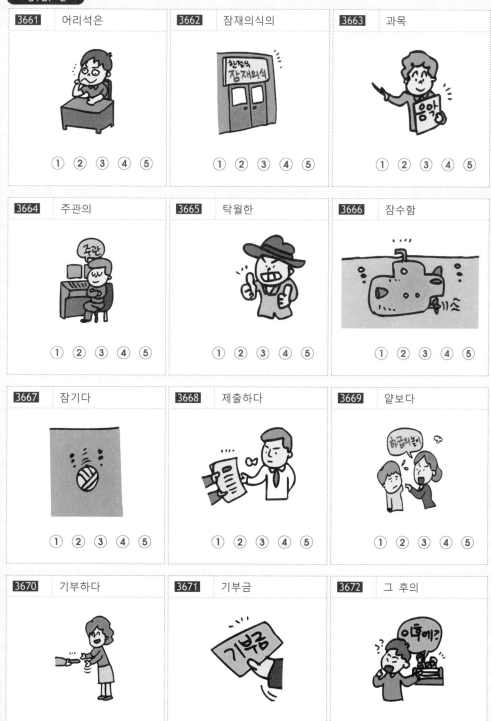

3661	어리석은	3662	잠재의식의	3663	과목
① ② ③ ④ ⑤		① ② ③ ④ ⑤		① ② ③ ④ ⑤	

3664	주관의	3665	탁월한	3666	잠수함
① ② ③ ④ ⑤		① ② ③ ④ ⑤		① ② ③ ④ ⑤	

3667	잠기다	3668	제출하다	3669	얕보다
① ② ③ ④ ⑤		① ② ③ ④ ⑤		① ② ③ ④ ⑤	

3670	기부하다	3671	기부금	3672	그 후의
① ② ③ ④ ⑤		① ② ③ ④ ⑤		① ② ③ ④ ⑤	

번호	단어	①	②	그림	뜻	①	②
3661	stupid [stúːpid]	①	②		어리석은, 우둔한	①	②
		③	④			③	④
3662	subconscious [sʌbkánʃəs]	①	②		잠재의식의	①	②
		③	④			③	④
3663	subject [sʌ́bdʒikt]	①	②		지배를 받는, 받기 쉬운, 국민, 과목, 학과	①	②
		③	④			③	④
3664	subjective [səbʒéktiv]	①	②		주관의, 사적인	①	②
		③	④			③	④
3665	sublime [səbláim]	①	②		숭고한, 장엄한, 웅대한, 탁월한	①	②
		③	④			③	④
3666	submarine [sʌ́bmərìːn]	①	②		잠수함	①	②
		③	④			③	④
3667	submerge [səbmə́ːrdʒ]	①	②		물속에 담그다, 잠기다	①	②
		③	④			③	④
3668	submit [səbmit]	①	②		제출하다, 복종하다	①	②
		③	④			③	④
3669	subordinate [səbɔ́ːrdənit]	①	②		예하의, 종속하는, 하급의, 하위에 두다; 종속시키다; 경시하다, 얕보다	①	②
		③	④			③	④
3670	subscribe [səbskráib]	①	②		구독하다, 기부하다	①	②
		③	④			③	④
3671	subscription [səbskrípʃən]	①	②		기부청약, 기부금, 예약금	①	②
		③	④			③	④
3672	subsequent [sʌ́bsikwənt]	①	②		그 후의, 차후의	①	②
		③	④			③	④

✓ STEP 1

3673 ① ② ③	3674 ① ② ③	3675 ① ② ③
눈 부위 화상은 **진정되었어?** 눈썹 사이도 진정되었어.	**보조금을 주고** 한 말은? 섭씨 200도에서 다 타버린 집 잊으라했어.	본론의 요지는 뭐지? 서비스로 톤(ton) 수에 상관없이 세금을 매기자는 것이야.
☺ 진정되다 ⇨ 섭사이드	☺ 보조금을 주다 ⇨ 섭시다이즈	☺ 요지 ⇨ 섭스턴스

3676 ① ② ③	3677 ① ② ③	3678 ① ② ③
앞머리를 **대신할** 정도의 눈썹은 어떤 눈썹이야? 눈썹 숱이 엄청 두터운 눈썹.	어떤 사람이 **교활한** 사람이지? 셔틀버스를 새치기해서 타는 사람	세금을 **공제해주지** 않으면 어떻게 할 거야? 섭섭해서 트랙터 안 태워줄 거야."
☺ 대신하다 ⇨ 섭스티튜-트	☺ 교활한 ⇨ 서틀	☺ 공제하다 ⇨ 섭트랙트

3679 ① ② ③	3680 ① ② ③	3681 ① ② ③
교외에 나가서 무엇부터 관찰 하지? 나가서 꿀벌부터 관찰 해!	**지하철** 정보를 챙겼어? 섭렵하고 노르웨이로 떠날 거야.	석탑복원 시도는 **성공했어?** 응, 석탑복원 시도는 성공했어.
☺ 교외 ⇨ 서버-브	☺ 지하철 ⇨ 섭웨이	☺ 성공하다 ⇨ 석시-드

3682 ① ② ③	3683 ① ② ③	3684 ① ② ③

성공적인 고기구이 방법은? 석쇠로 수풀에서 구우면 돼.	고기 굽다가 **잇따른** 실수에 뭐라 했어? 석쇠를 옮기며 시부렁거렸어.	아나운서는 왜 **굴복했지?** 아나운서가 매스컴의 압박 때문에 그랬대.
☺ 성공적인 ⇨ 석세스펄	☺ 잇따른 ⇨ 석세시브	☺ 굴복하다 ⇨ 서컴

3673 진정되다	3674 보조금을 주다	3675 요지

① ② ③ ④ ⑤

① ② ③ ④ ⑤

① ② ③ ④ ⑤

3676 대신하다	3677 교활한	3678 공제하다

① ② ③ ④ ⑤

① ② ③ ④ ⑤

① ② ③ ④ ⑤

3679 교외	3680 지하철	3681 성공하다

① ② ③ ④ ⑤

① ② ③ ④ ⑤

① ② ③ ④ ⑤

3682 성공적인	3683 잇따른	3684 굴복하다

① ② ③ ④ ⑤

① ② ③ ④ ⑤

① ② ③ ④ ⑤

3673	subside [səbsáid]	① ② ③ ④		가라앉다, 진정되다	① ② ③ ④
3674	subsidize [sʌ́bsidàiz]	① ② ③ ④		보조금을 주다	① ② ③ ④
3675	substance [sʌ́bstəns]	① ② ③ ④		물질, 실체, 내용, 요지	① ② ③ ④
3676	substitute [sʌ́bstitjuːt]	① ② ③ ④		대체하다, 대신하다, 대리인	① ② ③ ④
3677	subtle [sʌ́tl]	① ② ③ ④		미묘한, 예민한, 교활한	① ② ③ ④
3678	subtract [səbtrǽkt]	① ② ③ ④		빼다, 공제하다	① ② ③ ④
3679	suburb [sʌ́bəːrb]	① ② ③ ④		교외	① ② ③ ④
3680	subway [sʌ́bwèi]	① ② ③ ④		지하철	① ② ③ ④
3681	succeed [səksíːd]	① ② ③ ④		성공하다, 계속되다	① ② ③ ④
3682	successful [səksésfəl]	① ② ③ ④		성공적인, 결과가 좋은	① ② ③ ④
3683	successive [səksésiv]	① ② ③ ④		연속적인, 잇따른	① ② ③ ④
3684	succumb [səkʌ́m]	① ② ③ ④		굴복(복종)하다	① ② ③ ④

✓ STEP 1

3685 ① ② ③

사탕을 너무 **빨아먹으면**?
이가 썩어.
☺ 빨아먹다 ⇨ 석

3686 ① ② ③

속도위반으로 **고소당한** 차는?
대통령을 수행하는 차.
☺ 고소하다 ⇨ 수-

3687 ① ② ③

어떻게 추위를 **견디지**?
애써 점퍼를 입고 있으면 돼.
☺ 견디다 ⇨ 서퍼

3688 ① ② ③

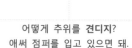

내용은 **충분히** 전달했어?
스피커로, "이번 미션은
다이어트!"라고 알렸어.
☺ 충분한 ⇨ 서피션트

3689 ① ② ③

집이 좁아서 **숨 막혀**?
소파를 케이트의 집으로 옮겨.
☺ 숨 막히게 하다 ⇨ 서퍼케이트

3690 ① ② ③

무엇을 **제안했어**?
서재에서 스트라빈스키의 음악을 들을
것을 제안했어.
☺ 제안하다 ⇨ 서제스트

3691 ① ② ③

자살시도로 멀어진 친구와의 사이는
어때?
죽을 쑤어 주니, 사이도 좋아졌어.
☺ 자살 ⇨ 수-사이드

3692 ① ② ③

양복 한 벌 사 줘요!
수투(수학Ⅱ) 과목을 백점 맞으면
사주마.
☺ 한 벌 ⇨ 수-트

3693 ① ② ③

나에게 **어울리는** 것이 뭐지?
수첩을 펴봐, 적어놨어.
☺ 어울리는 ⇨ 수-터블

3694 ① ② ③

연구원이 **황**을 다루는 솜씨가 어때?
어설퍼 보여.
☺ 황 ⇨ 설퍼

3695 ① ② ③

음산하게 들려온 것은 뭐지?
공포소설을 읽는 중 호른소리가 났어.
☺ 음산한 ⇨ 설런

3696 ① ② ③

수확한 쌀의 **총계**는 얼마야?
100 섬이야.
☺ 총계 ⇨ 섬

3685	빨아먹다	3686	고소하다	3687	견디다

① ② ③ ④ ⑤

① ② ③ ④ ⑤

① ② ③ ④ ⑤

3688	충분한	3689	숨 막히게 하다	3690	제안하다

① ② ③ ④ ⑤

① ② ③ ④ ⑤

① ② ③ ④ ⑤

3691	자살	3692	한 벌	3693	어울리는

① ② ③ ④ ⑤

① ② ③ ④ ⑤

① ② ③ ④ ⑤

3694	황	3695	음산한	3696	총계

① ② ③ ④ ⑤

① ② ③ ④ ⑤

① ② ③ ④ ⑤

3685	**suck** [sʌk]	① ② ③ ④		빨다, 빨아먹다	① ② ③ ④
3686	**sue** [su:/sju:]	① ② ③ ④		고소하다, 간청하다, 구혼하다	① ② ③ ④
3687	**suffer** [sʌ́fər]	① ② ③ ④		겪다, 견디다, 앓다	① ② ③ ④
3688	**sufficient** [səfíʃənt]	① ② ③ ④		충분한, 자격이 있는	① ② ③ ④
3689	**suffocate** [sʌ́fəkéit]	① ② ③ ④		숨 막히게 하다, 질식시키다, 끄다	① ② ③ ④
3690	**suggest** [sədʒést]	① ② ③ ④		제안하다, 암시하다	① ② ③ ④
3691	**suicide** [súːəsàid]	① ② ③ ④		자살(자)	① ② ③ ④
3692	**suit** [su:t]	① ② ③ ④		소송, 한 벌, 적합하게 하다	① ② ③ ④
3693	**suitable** [s(j)úːtəbl]	① ② ③ ④		적합한, 어울리는, 적당한	① ② ③ ④
3694	**sulfur** [sʌ́lfər]	① ② ③ ④		① 〖화학〗 황(비금속 원소); 유황(빛)	① ② ③ ④
3695	**sullen** [sʌ́lən]	① ② ③ ④		시무룩한, 음산한, 육중한	① ② ③ ④
3696	**sum** [sʌm]	① ② ③ ④		총계, 개요, 금액	① ② ③ ④

3695 호른(horn): 밸브식의 금관 악기

✓ STEP 1

3697 ① ② ③

연해주 일을 **요약하면?**
일본은 연해주에서 조선인을 몰아내
카자흐스탄으로 **이주**시켰어.
☺ 요약하다 ⇨ 서머라이즈

3698 ① ② ③

산 **정상**에서 뭐했어?
올라서서 **밑**을 보았어.
☺ 정상 ⇨ 서밋

3699 ① ② ③

법원에 출두하라고 **호출한** 방법은?
서면으로 호출했어.
☺ 호출하다 ⇨ 서먼

3700 ① ② ③

선덕여왕이 **해시계**로 시간을 보고는
뭘 했지?
선덕여왕은 급히 **다이얼**을 돌렸어.
☺ 해시계 ⇨ 선다이얼

3701 ① ② ③

주근깨가 많은 선수가 경기도중
어떻게 되었어?
그 선수는 경기 도중 팍! 쓰러졌어.
☺ 주근깨 ⇨ 선스팟

3702 ① ② ③

최고의 점포는 무엇으로 선정되니?
최고의 **수퍼마켓**으로 선정돼.
☺ 최고의 ⇨ 수-퍼

3703 ① ② ③

최상의 능력을 가진 도둑은 어디부터
침입할까
이 동네에서는 **수퍼부터** 침입할 걸 ~
☺ 최상의 ⇨ 수-퍼브

3704 ① ② ③

수퍼맨도 **표면적으로** 여름에 꼭 하는
일이 있어?
수퍼맨은 여름에 꼭 **피설**(피서를)
간다더라.
☺ 표면상의 ⇨ 수-퍼피셜

3705 ① ② ③

슈퍼맨이 준 **불필요한** 것은 뭐지?
슈퍼맨은 플루토(명왕성)에 다녀와서
어스(us,우리)에게 돌을 줬어.
☺ 불필요한 ⇨ 수퍼-플루어스

3706 ① ② ③

감독자가 지켜보는 가운데
슈퍼맨의 수술에 **인턴**과 레지던트가
모두 참여했어.
☺ 감독자 ⇨ 수-퍼인텐던트

3707 ① ② ③

윗사람들은 뭘 하고 있지?
셰익스피어와 시리얼을 먹고 있어.
☺ 윗사람 ⇨ 서피어리어

3708 ① ② ③

초음파 세척기를 좀 사다줘!
슈퍼에서 사면 싸니?
☺ 초음파의 ⇨ 수-퍼사닉

3697 요약하다	3698 정상	3699 호출하다
① ② ③ ④ ⑤	① ② ③ ④ ⑤	① ② ③ ④ ⑤
3700 해시계	3701 주근깨	3702 최고의
① ② ③ ④ ⑤	① ② ③ ④ ⑤	① ② ③ ④ ⑤
3703 최상의	3704 표면상의	3705 불필요한
① ② ③ ④ ⑤	① ② ③ ④ ⑤	① ② ③ ④ ⑤
3706 감독자	3707 윗사람	3708 초음파의
① ② ③ ④ ⑤	① ② ③ ④ ⑤	① ② ③ ④ ⑤

3697	**summarize** [sʌ́məràiz]	① ② ③ ④		요약하다, 개괄하다	① ② ③ ④
3698	**summit** [sʌ́mit]	① ② ③ ④		정상, 극치, 정상회담에 참가하다	① ② ③ ④
3699	**summon** [sʌ́mən]	① ② ③ ④		소환하다, 호출하다	① ② ③ ④
3700	**sundial** [sʌ́ndàiəl]	① ② ③ ④		해시계	① ② ③ ④
3701	**sunspot** [sʌ́nspὰt/-spɔ̀]	① ② ③ ④		태양의 흑점, 주근깨	① ② ③ ④
3702	**super** [súːpər]	① ② ③ ④		최고의, 단역	① ② ③ ④
3703	**superb** [suːpə́ːrb]	① ② ③ ④		최상의, 훌륭한, 멋진; (건물 등이) 당당한, 장려한, 화려한; 뛰어난	① ② ③ ④
3704	**superficial** [súːpərfiʃəl]	① ② ③ ④		표면상의, 면적의, 천박한	① ② ③ ④
3705	**superfluous** [supə́ːrfluəs]	① ② ③ ④		남는, 불필요한	① ② ③ ④
3706	**superintendent** [súːpərinténdənt]	① ② ③ ④		감독자, 지휘자	① ② ③ ④
3707	**superior** [supíəriər]	① ② ③ ④		~보다 위의, 우수한, 윗사람	① ② ③ ④
3708	**supersonic** [sùːpərsɑ́nik]	① ② ③ ④		초음파의	① ② ③ ④

✓ STEP 1

3709 ① ② ③

수퍼 주인이 믿는 **미신**은 뭐지?
수퍼 주인은 숯 뒤선(뒤에선) 말을
하면 안된다고 믿어.
☺ 미신 ⇨ 수-퍼스티션

3710 ① ② ③

특별히 **관리하는** 신발은?
슈퍼바이크를 탈 때 신을 슈즈.
☺ 관리하다 ⇨ 수-퍼바이즈

3711 ① ② ③

관리자가 하는 일은?
수퍼에서 먹거리를 사다가 바위 위에
두고 절을 해야 해.
☺ 관리자 ⇨ 수-퍼바이저

3712 ① ② ③

보충 수업을 빠지려면 어떻게 해야 해?
어려운 문제를 내서 풀면 특별히 빠질
수 있어.
☺ 보충 ⇨ 서플러먼트

3713 ① ② ③

누구에게 식량을 **공급해**?
난민촌에서 밥풀만 먹는 아이에게
공급해.
☺ 공급하다 ⇨ 서플라이

3714 ① ② ③

원조 요청서류는 왔어?
아프리카에서 리포트를 보내왔어.
☺ 원조 ⇨ 서포트

3715 ① ② ③

범인으로 **추측**하는 이가 있어?
저 남자.. 서 있는 포즈가 범인 인
듯해.
☺ 추측하다 ⇨ 서포우즈

3716 ① ② ③

가고 싶은 마음을 **억누르고** 있는 곳은
어디지?
서 프랑스에 있는 레스토랑.
☺ 억누르다 ⇨ 서프레스

3717 ① ② ③

돼지가 **최고로** 좋아하는 피자는?
슈프림 피자.
☺ 최고의 ⇨ 서프리-임

3718 ① ② ③

밀려드는 파도에 뭐가 떠내려갔어?
야채 스프 냄비가 떠내려갔어.
☺ 밀려드는 파도 ⇨ 서-프

3719 ① ② ③

설날에 **외관**상 보기 어색한 것은?
설날에 원피스차림으로 오는 것.
☺ 외관 ⇨ 서-피스

3720 ① ② ③

한석봉 어머니는 **큰 파도**가 눈앞에서
쳐도 뭘 했지?
떡을 썰지.
☺ 큰 파도 ⇨ 서-쥐

68

3709 미신	3710 관리하다	3711 관리자

① ② ③ ④ ⑤	① ② ③ ④ ⑤	① ② ③ ④ ⑤

3712 보충	3713 공급하다	3714 원조

① ② ③ ④ ⑤	① ② ③ ④ ⑤	① ② ③ ④ ⑤

3715 추측하다	3716 억누르다	3717 최고의
① ② ③ ④ ⑤	① ② ③ ④ ⑤	① ② ③ ④ ⑤

3718 밀려드는 파도	3719 외관	3720 큰 파도

① ② ③ ④ ⑤	① ② ③ ④ ⑤	① ② ③ ④ ⑤

3709	**superstition** [súːpərstíʃən]	① ② ③ ④		미신, 미신적 관습	① ② ③ ④
3710	**supervise** [súːpərvàiz]	① ② ③ ④		관리하다, 지휘하다	① ② ③ ④
3711	**supervisor** [súːpərvàizər]	① ② ③ ④		관리자, 감독자	① ② ③ ④
3712	**supplement** [sʌ́pləmənt]	① ② ③ ④		보충, 보충하다	① ② ③ ④
3713	**supply** [səplái]	① ② ③ ④		공급하다, 보완하다, 공급, 재고품	① ② ③ ④
3714	**support** [səpɔ́ːrt]	① ② ③ ④		지지하다, 원조하다, 부양하다, 지지, 원조	① ② ③ ④
3715	**suppose** [səpóuz]	① ② ③ ④		가정하다, 추측하다, ~하게 되어 있다	① ② ③ ④
3716	**suppress** [səprés]	① ② ③ ④		억압하다, 억누르다, 감추다	① ② ③ ④
3717	**supreme** [supríːm]	① ② ③ ④		최고의, 가장 중요한	① ② ③ ④
3718	**surf** [səːrf]	① ② ③ ④		밀려드는 파도	① ② ③ ④
3719	**surface** [sə́ːrfis]	① ② ③ ④		표면(의), 외관	① ② ③ ④
3720	**surge** [səːrdʒ]	① ② ③ ④		큰 파도, 파도침	① ② ③ ④

3717 슈프림(supreme): 최고의, 최대의

✓ STEP 1

3721 ① ② ③

수술이 안 된다는 **의사**에게 왜
저러지?
환자가 해달라고 **설전**을 벌이고 있어.
☺ 의사 ⇨ 서-전

3722 ① ② ③

외과에 사람이 얼마나 몰렸어?
설 자리도 없을 만큼.
☺ 외과 ⇨ 서-저리

3723 ① ② ③

어디를 **오르려고** 하지?
설악 마운틴.
☺ 오르다 ⇨ 서마운트

3724 ① ② ③

네가 축구선수**보다 나은** 점이 뭐지?
슬슬 패스하다 슛 골인하는 실력이
나아.
☺ ~보다 낫다 ⇨ 서패스

3725 ① ② ③

뭐 해서 **흑자**가 났어?
설에 과일 장사가 잘 돼서 이익이
플러스 됐어.
☺ 흑자 ⇨ 서-플러스

3726 ① ② ③

엄마를 **놀라게 하기** 위해 준비한
것은?
서프라이즈 파티를 준비했어.
☺ 놀라게 하다 ⇨ 서프라이즈

3727 ① ② ③

항복하려면 어떻게 해야 돼?
축포를 쏘랜다.
☺ 항복 ⇨ 서렌더

3728 ① ② ③

둘러싸여 있으면 행복한 것은?
서라운드시스템.
☺ 둘러싸다 ⇨ 서라운드

3729 ① ② ③

서울 교통량을 **조사하다**가 다쳤어?
설(서울)에서 손을 베이어서.
☺ 조사하다 ⇨ 서어베이

3730 ① ② ③

어디서 **살아남았어**?
서바이벌 게임에서 살아남았어.

☺ ~에서 살아남다 ⇨ 서바이브

3731 ① ② ③

생존자는 누구야?
서바이벌 게임에서 내가 유일한
생존자야.
☺ 생존자 ⇨ 서바이벌

3732 ① ② ③

지금 소세지를 먹을 **수 있어**?
소세지가 맛있기 때문에 턱을
다쳤어도 먹을 수 있어.
☺ 할 수 있는 ⇨ 서셉터블

3721	의사

① ② ③ ④ ⑤

3722	외과

① ② ③ ④ ⑤

3723	오르다

① ② ③ ④ ⑤

3724	~보다 낫다

① ② ③ ④ ⑤

3725	흑자

① ② ③ ④ ⑤

3726	놀라게 하다

① ② ③ ④ ⑤

3727	항복

① ② ③ ④ ⑤

3728	둘러싸다

① ② ③ ④ ⑤

3729	조사하다

① ② ③ ④ ⑤

3730	~에서 살아남다

① ② ③ ④ ⑤

3731	생존자

① ② ③ ④ ⑤

3732	할 수 있는

① ② ③ ④ ⑤

3721	surgeon [sə́:rdʒən]	① ② ③ ④		(외과)의사	① ② ③ ④
3722	surgery [sə́:rdʒəri]	① ② ③ ④		외과, 수술	① ② ③ ④
3723	surmount [sərmáunt]	① ② ③ ④		오르다, 극복하다	① ② ③ ④
3724	surpass [sərpǽs]	① ② ③ ④		~보다 낫다, 능가하다	① ② ③ ④
3725	surplus [sə́:rpləs]	① ② ③ ④		나머지, 잔여, 흑자	① ② ③ ④
3726	surprise [sərpráiz]	① ② ③ ④		놀라게 하다, 놀람, 갑작스런	① ② ③ ④
3727	surrender [səréndər]	① ② ③ ④		내어주다, 항복하다, 항복	① ② ③ ④
3728	surround [səráund]	① ② ③ ④		둘러싸다, 포위하다	① ② ③ ④
3729	survey [sərvéi]	① ② ③ ④		내려다보다, 측량(하다), 조사(하다)	① ② ③ ④
3730	survive [sərváiv]	① ② ③ ④		~보다 오래 살다, ~에서 살아남다	① ② ③ ④
3731	survivor [sərváivər]	① ② ③ ④		생존자, 유족	① ② ③ ④
3732	susceptible [səséptəbəl]	① ② ③ ④		느끼기 쉬운, 할 수 있는	① ② ③ ④

73

✓ STEP 1

3733 ① ② ③

누가 **의심스러워**?
저기 서서, 팩트로 화장 고치는
여자가 의심스러워.
☺ 의심스런 ➡ 서스펙트

3734 ① ② ③

무엇을 나무에 **매달았어**?
서서, 펜더를 나무에 매달았어.
☺ 매달다 ➡ 서스펜드

3735 ① ② ③

긴장감이 넘쳐 손에 땀이 나는
영화는?
서스펜스 영화.
☺ 긴장감 ➡ 서스펜스

3736 ① ② ③

제 **혐의**가 뭔데요?
담배를 여기서 서서, 피셔션 안
되시니 벌금을 내셔야 합니다.
☺ 혐의 ➡ 서스피션

3737 ① ② ③

서 있는 전등을 뭐가 **떠받치고** 있어?
서있는 전등을 스테인리스가 떠받치고
있어.
☺ 떠받치다 ➡ 서스테인

3738 ① ② ③

구렁이가 뭘 **삼키며** 배 채우고 있어?
수많은 제비 알로 배 채우고 있다.
☺ 삼키다 ➡ 스왈로우

3739 ① ② ③

누가 **늪을** 매입했지?
수완이 좋은 프랑스인이 늪을
매입했어.
☺ 늪 ➡ 스왐프

3740 ① ② ③

벌 **떼가** 어디에 나타났어?
수원에 나타났어
☺ 떼 ➡ 스워-엄

3741 ① ② ③

스웨덴행 비행기는 언제 **흔들려**?
스웨덴행 비행기는 이륙하면서 흔들려
☺ 흔들다 ➡ 스웨이

3742 ① ② ③

무엇을 **맹세했지**?
다시는 스웨터를 안 입기로 맹세했어.
☺ 맹세하다 ➡ 스웨어

3743 ① ② ③

땀을 흘린 뒤에 마시는 이온음료는?
포카리 스웨트.
☺ 땀 ➡ 스웨트

3744 ① ② ③

운동장에 잎사귀를 **쓸고 있는** 사람은?
수위 아저씨.
☺ 쓸다 ➡ 스위-프

74

| 3733 | 의심스런 | 3734 | 매달다 | 3735 | 긴장감 |

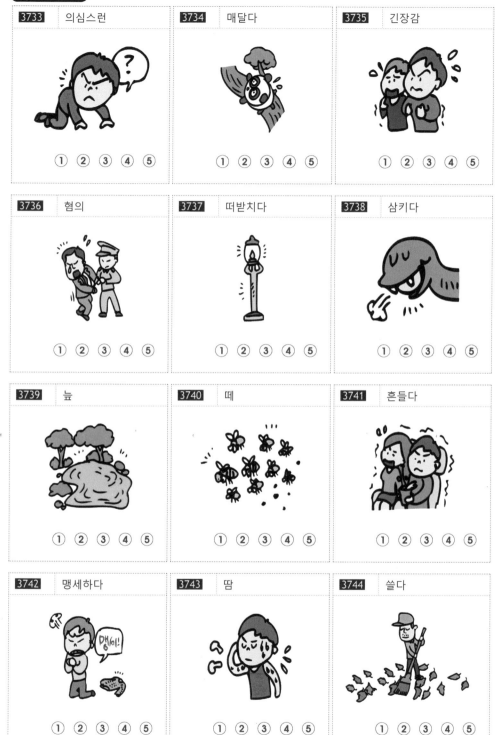

| 3733 | 의심스런 |
| ① ② ③ ④ ⑤ |

| 3734 | 매달다 |
| ① ② ③ ④ ⑤ |

| 3735 | 긴장감 |
| ① ② ③ ④ ⑤ |

| 3736 | 혐의 |
| ① ② ③ ④ ⑤ |

| 3737 | 떠받치다 |
| ① ② ③ ④ ⑤ |

| 3738 | 삼키다 |
| ① ② ③ ④ ⑤ |

| 3739 | 늪 |
| ① ② ③ ④ ⑤ |

| 3740 | 떼 |
| ① ② ③ ④ ⑤ |

| 3741 | 흔들다 |
| ① ② ③ ④ ⑤ |

| 3742 | 맹세하다 |
| ① ② ③ ④ ⑤ |

| 3743 | 땀 |
| ① ② ③ ④ ⑤ |

| 3744 | 쓸다 |
| ① ② ③ ④ ⑤ |

3733	suspect [səspékt]	①	②		생각하다, 의심하다, 용의자, 의심스런	①	②
		③	④			③	④
3734	suspend [səspénd]	①	②		매달다, 정지하다, 보류하다	①	②
		③	④			③	④
3735	suspense [səspéns]	①	②		미결정, 걱정, 불안, 긴장감	①	②
		③	④			③	④
3736	suspicion [səspíʃən]	①	②		혐의, 막연한 느낌	①	②
		③	④			③	④
3737	sustain [səstéin]	①	②		떠받치다, 유지하다, 양육하다	①	②
		③	④			③	④
3738	swallow [swálou/swɔ́lou]	①	②		삼키다, 들이키다	①	②
		③	④			③	④
3739	swamp [swɑmp]	①	②		늪, 물에 잠기게 하다	①	②
		③	④			③	④
3740	swarm [swɔ:rm]	①	②		떼, 무리(를 짓다)	①	②
		③	④			③	④
3741	sway [swei]	①	②		흔들(리)다, 흔들림	①	②
		③	④			③	④
3742	swear [swɛər]	①	②		맹세하다, 욕하다	①	②
		③	④			③	④
3743	sweat [swet]	①	②		땀, 습기, 걱정	①	②
		③	④			③	④
3744	sweep [swi:p]	①	②		쓸다, 청소하다, 휩쓸다	①	②
		③	④			③	④

✓ STEP 1

3745 ① ② ③

노래가 **감미롭지**?
응, 스윗한 노래가 정말 감미로워.

☺ 감미롭다 ⇨ 스위-트

3746 ① ② ③

점차 소비가 **느는** 식품은?
수많은 웰빙식품.

☺ 늘다 ⇨ 스웰

3747 ① ② ③

아파트에 화재가 나자 **순식간에**
튀어나온 사람은?
수위부터 튀어나왔어.

☺ 순식간의 ⇨ 스위프트

3748 ① ② ③

저 여자가 몸을 이리 저리 **흔드는**
춤은?
스윙 댄스.
☺ 흔들다 ⇨ 스윙

3749 ① ② ③

새로 산 세탁기가 **회전**이 빨라서
좋지?
빨래하기가 **수월**해.
☺ 회전 ⇨ 스워-얼

3750 ① ② ③

휙휙 잘 돌아가는 시계는?
스위스 시계.

☺ 휙휙 ⇨ 스위쉬

3751 ① ② ③

전기 **스위치** 바꿨어?
응, 스위치 바꿨어.
☺ 스위치 ⇨ 스위치

3752 ① ② ③

칼을 꺼내자 벌이 어떻게 했어?
침으로 **쏘드**라.
☺ 칼 ⇨ 쏘-드

3753 ① ② ③

음악대를 **상징하는** 것은?
심벌즈와 트라이앵글.
☺ 상징하다 ⇨ 심벌라이즈

3754 ① ② ③

마당에서 어떻게 **균형**을 맞추었어?
나무를 **심었더니** 균형이 맞아.

☺ 균형 ⇨ 시머트리

3755 ① ② ③

교향악단 친구를 왜 **위로했니**?
심포니 교향악단 악단복 사이즈가
맞지 않아서 울고 있어서.
☺ 위로하다 ⇨ 심퍼싸이즈

3756 ① ② ③

동정심이 왜 생겼어요?
심씨가 아펐씨유~

☺ 동정 ⇨ 심퍼씨

3745 감미롭다	3746 늘다	3747 순식간의

① ② ③ ④ ⑤	① ② ③ ④ ⑤	① ② ③ ④ ⑤

3748 흔들다	3749 회전	3750 휙휙

① ② ③ ④ ⑤	① ② ③ ④ ⑤	① ② ③ ④ ⑤

3751 스위치	3752 칼	3753 상징하다

① ② ③ ④ ⑤	① ② ③ ④ ⑤	① ② ③ ④ ⑤

3754 균형	3755 위로하다	3756 동정

① ② ③ ④ ⑤	① ② ③ ④ ⑤	① ② ③ ④ ⑤

3745	sweet [swi:t]	① ② ③ ④		단, 맛좋은, 감미로운	① ② ③ ④
3746	swell [swel]	① ② ③ ④		부풀다, 솟아오르다, 늘다	① ② ③ ④
3747	swift [swift]	① ② ③ ④		날랜, 순식간의	① ② ③ ④
3748	swing [swiŋ]	① ② ③ ④		흔들(리)다, 휘두르다, 방향을 바꾸다, 그네	① ② ③ ④
3749	swirl [swəːrl]	① ② ③ ④		소용돌이(치다), 빙빙 돌(리)다, 회전	① ② ③ ④
3750	swish [swiʃ]	① ② ③ ④		휙휙, 철썩철썩	① ② ③ ④
3751	switch [switʃ]	① ② ③ ④		스위치, 개폐기, 바꿈	① ② ③ ④
3752	sword [sɔːrd]	① ② ③ ④		검, 칼, 무력	① ② ③ ④
3753	symbolize [símbəlàiz]	① ② ③ ④		상징하다	① ② ③ ④
3754	symmetry [símətri]	① ② ③ ④		대칭, 균형, 조화	① ② ③ ④
3755	sympathize [símpəθàiz]	① ② ③ ④		동정하다, 공감하다, 위로하다	① ② ③ ④
3756	sympathy [símpəθi]	① ② ③ ④		동정, 헤아림, 호의	① ② ③ ④

Unit 314	Number 3757~3768	Study	Year 20	Month	Date

✓ STEP 1

3757 ① ② ③	3758 ① ② ③	3759 ① ② ③
유명한 가수가 나와 **향연**을 하는 곳은? 이번 서울 심포지엄에서 향연을 해. ☺ 향연 ⇨ 심포우지엄	심장질환 **증상**이 어디서 나타났어? 심장 쪽 혈관에 틈이 생겼어. ☺ 증상 ⇨ 심프텀	피터팬 **증후군**이라고도 하는 것은? 피터팬신드롬. ☺ 증후군 ⇨ 신드로움

3760 ① ② ③	3761 ① ② ③	3762 ① ② ③
종합병원에서 일하는 언니가 뜨개질을 하자, 동생이 하는 말? 내 신도 좀 떠줘, 시스터(sister, 언니)! ☺ 종합 ⇨ 신써시스	고무로 **합성한** 이 신을 만들려면? 이 신에 쓰인 **사이즈**를 먼저 알아야 해~ ☺ 합성한 ⇨ 신써사이즈	여동생이 **체계적인** 집에서 말을 안 들으면? 시스터(여동생)가 매를 틱! 하고 맞게 되지 ☺ 체계적인 ⇨ 시스터매틱

3763 ① ② ③	3764 ① ② ③	3765 ① ② ③
조직화한 것은? 시스터(언니)가 몇 개의 **타이즈**를 색깔별로 나눠서 조직화 하였어. ☺ 조직화하다 ⇨ 시스터머타이즈	**명판**에 금이 가면 어떻게 해? 테잎을 붙이리. ☺ 명판 ⇨ 태블리트	민간인 **접근 금지**는 어디부터야? 이 공터부터야. ☺ 접근 금지 ⇨ 터부-

3766 ① ② ③	3767 ① ② ③	3768 ① ② ③
압정으로 사진 고정시킬 거야? 그럼, 장소를 잘 택해서 해. ☺ 압정 ⇨ 택	상대방 선수가 **달려들어** 어떻게 했어? 태클을 걸었어. ☺ 달려들다 ⇨ 태클	어떤 **작전**이 시작되었어? 주택 현관문을 강화플라스틱으로 교체하는 작전이 시작되었어. ☺ 작전 ⇨ 택틱

3757 향연	3758 증상	3759 증후군
① ② ③ ④ ⑤	① ② ③ ④ ⑤	① ② ③ ④ ⑤

3760 종합	3761 합성한	3762 체계적인
① ② ③ ④ ⑤	① ② ③ ④ ⑤	① ② ③ ④ ⑤

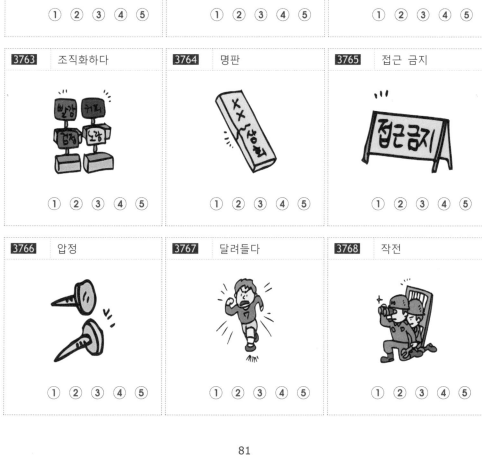

3763 조직화하다	3764 명판	3765 접근 금지
① ② ③ ④ ⑤	① ② ③ ④ ⑤	① ② ③ ④ ⑤

3766 압정	3767 달려들다	3768 작전
① ② ③ ④ ⑤	① ② ③ ④ ⑤	① ② ③ ④ ⑤

3757	symposium [simpóuziəm]	① ② ③ ④		주연, 향연, 토론회	① ② ③ ④
3758	symptom [símptəm]	① ② ③ ④		징후, 증상	① ② ③ ④
3759	syndrome [síndroum]	① ② ③ ④		증후군	① ② ③ ④
3760	synthesis [sínθəsis]	① ② ③ ④		종합, 통합, 합성	① ② ③ ④
3761	synthesize [sínθəsàiz]	① ② ③ ④		합성(종합)하다	① ② ③ ④
3762	systematic [sistəmǽtik]	① ② ③ ④		체계적인, 질서 정연한	① ② ③ ④
3763	systematize [sístəmətàiz]	① ② ③ ④		조직화(체계화)하다	① ② ③ ④
3764	tablet [tǽblit]	① ② ③ ④		평판, 명판, 정제	① ② ③ ④
3765	taboo [təbú:]	① ② ③ ④		금기, 접근 금지	① ② ③ ④
3766	tack [tæk]	① ② ③ ④		압정(으로 고정시키다), 시침질(가봉)하다	① ② ③ ④
3767	tackle [tǽk-əl]	① ② ③ ④		연장, 도구, 태클, 달려들다	① ② ③ ④
3768	tactic [tǽktik]	① ② ③ ④		순서의, 용병, 작전, 전법	① ② ③ ④

✓ STEP 1

3769   ① ② ③

뛰어난 **전술**로 끝낸 게임은?
'파랜드**택틱스**(Farland-tactics, 게임명)'
게임.
☺ 전술 ⇨ 택틱스

3770   ① ② ③

흰 쥐가 **꼬리**를 감추고 얼른
쥐구멍으로 숨은 이유는?
꼬리를 **떼**일까봐!
☺ 꼬리 ⇨ 테일

3771   ① ② ③

테이블이 **더러워 졌어**!
그럼 테이블에 페인트를 칠 해.
☺ 더럽히다 ⇨ 테인트

3772   ① ② ③

이걸 **가져가**라는 거지?
응, 테이블에 있는 케이크 가져가.
☺ 가져가다 ⇨ 테이크

3773   ① ② ③

재능이 많네, 커서 뭐가 될 거야?
커서 **탤런트**가 될 거예요.
☺ 재능 ⇨ 탤런트

3774   ① ② ③

어디서 **말할 거야**?
토크쇼에서 말할 거야.
☺ 말하다 ⇨ 토-크

3775   ① ② ③

수다스러운 사람은 누구지?
스토커인데 티브이에 나온다네.
☺ 수다스러운 ⇨ 토-커티브

3776   ① ② ③

재배한 작물은 언제 거둬?
지금이 거둬들일 때임.
☺ 재배된 ⇨ 테임

3777   ① ② ③

서로 **얽혀있는** 오렌지도 잘 익었어?
탱글탱글하게 잘 익었어.
☺ 얽혀있는 ⇨ 탱글

3778   ① ② ③

유조선에서 뭐 했어?
탱고 춤을 추며 커피를 마셨어.
☺ 유조선 ⇨ 탱커

3779   ① ② ③

구두로 바닥을 **톡톡 두드리**는 춤은?
탭댄스.
☺ 톡톡 두드림 ⇨ 탭

3780   ① ② ③

차, 오토바이 중 뭘 탈 건지 **목표**는
정했니?
내가 탈 게 이거야, 자동차.
☺ 목표 ⇨ 타-기트

83

3769 전술	3770 꼬리	3771 더럽히다

① ② ③ ④ ⑤	① ② ③ ④ ⑤	① ② ③ ④ ⑤

3772 가져가다	3773 재능	3774 말하다

① ② ③ ④ ⑤	① ② ③ ④ ⑤	① ② ③ ④ ⑤

3775 수다스러운	3776 재배된	3777 얽혀있는

① ② ③ ④ ⑤	① ② ③ ④ ⑤	① ② ③ ④ ⑤

3778 유조선	3779 톡톡 두드림	3780 목표

① ② ③ ④ ⑤	① ② ③ ④ ⑤	① ② ③ ④ ⑤

3769	**tactics** [tǽktiks]	①	②		전술(학), 작전	①	②
		③	④			③	④
3770	**tail** [teil]	①	②		꼬리	①	②
		③	④			③	④
3771	**taint** [teint]	①	②		오점, 기미, 더럽히다, 오염시키다	①	②
		③	④			③	④
3772	**take** [teik]	①	②		손에 잡다, 가져가다, 데려가다	①	②
		③	④			③	④
3773	**talent** [tǽlənt]	①	②		재능, 인재	①	②
		③	④			③	④
3774	**talk** [tɔːk]	①	②		말하다, 이야기하다, 의논하다	①	②
		③	④			③	④
3775	**talkative** [tɔ́ːkətiv]	①	②		수다스러운, 말 많은	①	②
		③	④			③	④
3776	**tame** [teim]	①	②		길들여진, 재배된, 길들이다, 제어하다	①	②
		③	④			③	④
3777	**tangle** [tǽŋg-əl]	①	②		엉키다, 얽히게 하다	①	②
		③	④			③	④
3778	**tanker** [tǽŋkəːr]	①	②		유조선, 탱커	①	②
		③	④			③	④
3779	**tap** [tæp]	①	②		가볍게 두드리다, 톡톡 두드림	①	②
		③	④			③	④
3780	**target** [tɑ́ːrgit]	①	②		과녁, 표적, 목표	①	②
		③	④			③	④

✓ STEP 1

3781 ① ② ③	3782 ① ② ③	3783 ① ② ③
업무가 어디에 쌓여 있지? 테너가수의 데스크(책상)에 쌓여 있어. ☺ 업무 ⇨ 태스크	**맛**없는 음식이 나오면 기분이 어때? 테이블에 오르면 스트레스 받아. ☺ 맛 ⇨ 테이스트	어디에 **세금**이 부과되었어? 광택을 낸 스쿠터에 세금이 나왔어. ☺ 세금 ⇨ 택스
3784 ① ② ③	3785 ① ② ③	3786 ① ② ③
티가 **찢어졌잖아**? 미안해, 티가 어쩌다 보니 찢어졌어. ☺ 찢다 ⇨ 티어	왜 **괴롭히지**? 아끼는 티셔츠 자기한테 주라고 괴롭혀. ☺ 괴롭히다 ⇨ 티-즈	어떤 댄스 **기술**을 전수한다는 거지? 테크닉댄스. ☺ 기술 ⇨ 테크닉
3787 ① ② ③	3788 ① ② ③	3789 ① ② ③
과학기술자는 왜 망했어? 재테크를 하다 날뛰는 주식에 낭떠러지에 서게 됐어. ☺ 과학기술 ⇨ 테크날러쥐	**지루한** 다도 시간에 뭔 일 있었어? 뜨거운 티(tea)에 손 디었으~ ☺ 지루한 ⇨ 티디어스	**10대**가 봐야 할 영화는? 틴에이저 영화. ☺ 10대 ⇨ 티-네이져
3790 ① ② ③	3791 ① ② ③	3792 ① ② ③
전자통신이 발달하자 사라진 것은? 텔레파시로 이루어지던 커뮤니케이션이 사라졌어. ☺ 전자 통신 ⇨ 텔레커뮤-너케이션	**원격회의**에 참석안한 동료를 멜러간(데리러간) 직원이 퍼런 원피스의 동료와 함께 들어왔어. ☺ 원격회의 ⇨ 텔러칸퍼런스	**전화를 거는** 편이 낫겠지? 텔레파시보다 휴대폰이 정확하지. ☺ 전화를 걸다 ⇨ 텔레포운

3781 업무	3782 맛	3783 세금

① ② ③ ④ ⑤	① ② ③ ④ ⑤	① ② ③ ④ ⑤
3784 찢다	3785 괴롭히다	3786 기술
① ② ③ ④ ⑤	① ② ③ ④ ⑤	① ② ③ ④ ⑤
3787 과학기술	3788 지루한	3789 10대
① ② ③ ④ ⑤	① ② ③ ④ ⑤	① ② ③ ④ ⑤
3790 전자 통신	3791 원격회의	3792 전화를 걸다
① ② ③ ④ ⑤	① ② ③ ④ ⑤	① ② ③ ④ ⑤

3781	task [tæsk]	①	②		일, 업무, 임무	①	②
		③	④			③	④
3782	taste [teist]	①	②		맛, 기호, 취미, 맛보다	①	②
		③	④			③	④
3783	tax [tæks]	①	②		세금, 부담, 과세하다, 부담 지우다	①	②
		③	④			③	④
3784	tear [tiə:r]	①	②		찢(어지)다, 째(지)다, 눈물	①	②
		③	④			③	④
3785	tease [ti:z]	①	②		놀리다, 졸라대다, 괴롭히기, 놀리기	①	②
		③	④			③	④
3786	technique [tekní:k]	①	②		기술, 수법	①	②
		③	④			③	④
3787	technology [teknálədʒi]	①	②		공업(과학) 기술	①	②
		③	④			③	④
3788	tedious [tídiəs]	①	②		지루한, 싫증나는	①	②
		③	④			③	④
3789	teenager [tí:nèidʒə:r]	①	②		10대	①	②
		③	④			③	④
3790	telecommunications [tèləkəmjù:nəkéiʃ-ən]	①	②		원거리 통신, 전자 통신	①	②
		③	④			③	④
3791	teleconference [téləkùnf-ərəns]	①	②		원격회의	①	②
		③	④			③	④
3792	telephone [téləfoun]	①	②		전화를 걸다, 전화기	①	②
		③	④			③	④

✓ STEP 1

3793 ① ② ③

망원경으로 구경한 건 뭐야?
텔레비전에서만 보던 스코틀랜드의
푸른 언덕을 구경했어.
☺ 망원경 ⇨ 텔러스코웁

3794 ① ② ③

누가 주로 자택근무를 하지?
텔레비전에 나오는 워킹 맘들이야.
☺ 자택근무 ⇨ 텔러워킹

3795 ① ② ③

어떻게 말하라고 하는 거지?
옆 친구에게 텔레파시로 말해.
☺ 말하다 ⇨ 텔

3796 ① ② ③

드러머(drummer) 기분에 따라
달라지는 것은?
템포(tempo)가 달라져.
☺ 기분 ⇨ 템퍼

3797 ① ② ③

신경질이 난 연주자는 어떻게 했지?
빠른 템포로 연주를 한 뒤 관객에게
아무 멘트 없이 나갔어.
☺ 신경질 ⇨ 템퍼러먼트

3798 ① ② ③

빠른 템포를 절제하려면 어떻게 해야
해?
빠른 템포는 초콜릿을 먹으면 절제 돼.
☺ 절제하다 ⇨ 템퍼리트

3799 ① ② ③

체온이 왜 올라갔어?
중요한 공연의 템포(때,시간)를 놓쳐
속상해서.
☺ 체온 ⇨ 템퍼러쳐

3800 ① ② ③

신전에서 보내온 공문을 어떻게 했지?
스템플러(stempler)로 한 데
묶어놓았어.
☺ 신전 ⇨ 템펄

3801 ① ② ③

일시적으로 공연에 차질이 생기게
하는 것은?
템포를 바꾸면 공연에 차질이 생겨.
☺ 일시적인 ⇨ 템퍼럴

3802 ① ② ③

이 먹구름은 일시적인 것이지?
집에 올 땐 하늘이 퍼러리!
☺ 일시적인 ⇨ 템퍼러리

3803 ① ② ③

어떻게 유혹했지?
저 댐까지 리프트를 타고 올라가며
유혹했어.
☺ 유혹하다 ⇨ 템프트

3804 ① ② ③

테너는 콘서트홀을 빌려서 무슨
노래를 불렀어?
테넌(테너)은 트로트를 불렀어.
☺ 빌리다 ⇨ 테넌트

3793	망원경

① ② ③ ④ ⑤

3794	자택근무

① ② ③ ④ ⑤

3795	말하다

① ② ③ ④ ⑤

3796	기분

① ② ③ ④ ⑤

3797	신경질

① ② ③ ④ ⑤

3798	절제하다

① ② ③ ④ ⑤

3799	체온

① ② ③ ④ ⑤

3800	신전

① ② ③ ④ ⑤

3801	일시적인

① ② ③ ④ ⑤

3802	일시적인

① ② ③ ④ ⑤

3803	유혹하다

① ② ③ ④ ⑤

3804	빌리다

① ② ③ ④ ⑤

3793	telescope [téləskòup]	① ② ③ ④		망원경	① ② ③ ④	
3794	teleworking [téləwə̀:rkiŋ]	① ② ③ ④		자택근무	① ② ③ ④	
3795	tell [tel]	① ② ③ ④		말하다, 알리다, 식별하다, 명하다	① ② ③ ④	
3796	temper [témpər]	① ② ③ ④		성미, 기질, 기분	① ② ③ ④	
3797	temperament [témpərəmənt]	① ② ③ ④		기질, 체질, 신경질	① ② ③ ④	
3798	temperate [témp-ərit]	① ② ③ ④		온화한, 절제하는, 삼가는	① ② ③ ④	
3799	temperature [témp-ərətʃuə:r]	① ② ③ ④		온도, 기온, 체온	① ② ③ ④	
3800	temple [témp-əl]	① ② ③ ④		신전, 성당, 사원	① ② ③ ④	
3801	temporal [témp-ərəl]	① ② ③ ④		현세의, 시간의, 일시적인	① ② ③ ④	
3802	temporary [témpəréri]	① ② ③ ④		일시적인, 덧없는	① ② ③ ④	
3803	tempt [tempt]	① ② ③ ④		유혹하다, 꾀다, 돋우다	① ② ③ ④	
3804	tenant [ténənt]	① ② ③ ④		임차인, 거주자, 빌리다	① ② ③ ④	

✓ STEP 1

3805 ① ② ③

자꾸 떨어지려 **하는 경향이 있는** 커튼을 드디어 교체했어.

☺ ~하는 경향이 있다 ⇨ 텐드

3806 ① ② ③

바텐더는 무슨 **버릇**이 있어? 저 바텐던(바텐더는) 매 시간마다 화장실에 간대.

☺ 버릇 ⇨ 텐던시

3807 ① ② ③

상냥한 저 사람은 누구야? 바텐더야.

☺ 상냥한 ⇨ 텐더

3808 ① ② ③

긴장 속에 어떤 미션이 수행되었어? 나프텐(naphthene,포화탄화수소)을 운반하는 미션이 수행되었어.

☺ 긴장 ⇨ 텐션

3809 ① ② ③

바텐더가 **주저한** 것은? 바텐더가 티브이 켜는 것을 주저했어.

☺ 주저 ⇨ 텐터티브

3810 ① ② ③

이 게임기를 **보유**한 사람이 먼저 해야 하는 일은? 테트리스 매뉴얼을 살펴봐 해.

☺ 보유 ⇨ 테뉴어

3811 ① ② ③

범죄 집중단속 **기간**에 도둑은 어떻게 해? 손을 텀.

☺ 기간 ⇨ 터-엄

3812 ① ② ③

이 버스의 **종점**이 어디야? 강남버스터미널이야.

☺ 종점 ⇨ 터-미널

3813 ① ② ③

일은 언제 **끝내**? 털모자와 내의를 트럭에서 내리면 끝나.

☺ 끝내다 ⇨ 터-머네이트

3814 ① ② ③

끔찍한 테러가 발생해서 무슨 일이 일어났어? 테러가 발생해 빌딩이 불에 휩싸였어.

☺ 끔찍한 ⇨ 테러벌

3815 ① ② ③

무시무시한 장면이 나오면 어떻게 돼? 온몸의 털이 픽! 서.

☺ 무시무시한 ⇨ 터리픽

3816 ① ② ③

그 사람을 **겁나게 한** 테러범에게 어떻게 했지? 테러범에게 맛있는 사과파이를 줬어.

☺ 겁나게 하다 ⇨ 테러파이

92

3805 ~하는 경향이 있다	3806 버릇	3807 상냥한

① ② ③ ④ ⑤	① ② ③ ④ ⑤	① ② ③ ④ ⑤

3808 긴장	3809 주저	3810 보유

① ② ③ ④ ⑤	① ② ③ ④ ⑤	① ② ③ ④ ⑤

3811 기간	3812 종점	3813 끝내다

① ② ③ ④ ⑤	① ② ③ ④ ⑤	① ② ③ ④ ⑤

3814 끔찍한	3815 무시무시한	3816 겁나게 하다

① ② ③ ④ ⑤	① ② ③ ④ ⑤	① ② ③ ④ ⑤

3805	**tend** [tend]	① ② ③ ④		향하다, ~하는 경향이 있다, 돌보다	① ② ③ ④
3806	**tendency** [téndənsi]	① ② ③ ④		경향, 추세, 버릇	① ② ③ ④
3807	**tender** [téndər]	① ② ③ ④		부드러운, 연약한, 상냥한	① ② ③ ④
3808	**tension** [ténʃən]	① ② ③ ④		긴장, 팽팽함, 절박	① ② ③ ④
3809	**tentative** [téntətiv]	① ② ③ ④		시험적인, 주저하는, 시험적인, 시험 삼아 하는, 시험, 가설	① ② ③ ④
3810	**tenure** [ténjueər]	① ② ③ ④		보유(권), 재임기간	① ② ③ ④
3811	**term** [təːrm]	① ② ③ ④		기간, 학기, 조건, 관계, 용어	① ② ③ ④
3812	**terminal** [tə́ːrminəl]	① ② ③ ④		말단의, 정기의, 종점, 단말기	① ② ③ ④
3813	**terminate** [tə́ːrmənèit]	① ② ③ ④		끝내다, 종결시키다	① ② ③ ④
3814	**terrible** [térəb-əl]	① ② ③ ④		무서운, 심한, 끔찍한, 굉장히	① ② ③ ④
3815	**terrific** [tərífik]	① ② ③ ④		빼어난, 아주 좋은, 무시무시한	① ② ③ ④
3816	**terrify** [térəfài]	① ② ③ ④		겁나게 하다, 놀래다	① ② ③ ④

✓ STEP 1

3817 ① ② ③

널 때리면 우리 **영토**에서 어떻게
하겠다는 거야?
날 때리면 은행을 모조리 **털리**!
☺ 영토 ⇨ 테리터리

3818 ① ② ③

온 세계를 **공포**로 몰아넣은 것은?
9.11 **테러**.
☺ 공포 ⇨ 테러

3819 ① ② ③

공포 정치와 테러정치를 하는 이유는?
테러가 매너리즘이 되었기 때문이야.
☺ 공포 정치 ⇨ 테러리즘

3820 ① ② ③

테스트를 통해 어떤 음식 맛을
증명해?
테스트를 통해 **파이**의 맛을 증명해.
☺ 증명하다 ⇨ 테스터파이

3821 ① ② ③

증거는 어떤 방법으로 모을 거야?
테스트를 통해 **모우니**까 증거물을
테스트 해.
☺ 증거 ⇨ 테스터모우니

3822 ① ② ③

영어**교과서**가 어려워서 어떻게 했어?
텍스트가 어려워 책을 **북**~찢어버렸어.
☺ 교과서 ⇨ 텍스트북

3823 ① ② ③

옷감에는 무엇을 달아서 구분 해?
택(tag,꼬리표)을 달아 **스타일**을
구분해.
☺ 옷감 ⇨ 텍스타일

3824 ① ② ③

감사를 표하러 뭘 타고 왔어?
탱크를 타고 왔어.
☺ 감사하다 ⇨ 쌩크

3825 ① ② ③

강이 **녹으면** 어떻게 돼?
배가 **떠다닐** 수 있어.
☺ 녹다 ⇨ 써-

3826 ① ② ③

절도범이 한 짓은 뭐야?
카메라를 **떼어 리프트**에 싣고 떠났어.
☺ 절도 ⇨ 쎄프트

3827 ① ② ③

여동생은 **제목**을 보자 어떻게 했어?
얼굴에 웃음을 띰.
☺ 제목 ⇨ 씨-임

3828 ① ② ③

신학공부를 위해 머리띠 두르자
어떻게 되었어?
머리띠를 두르자 **알러지**가 났어.
☺ 신학 ⇨ 씨-알러쥐

3817	영토	3818	공포	3819	공포 정치

① ② ③ ④ ⑤	① ② ③ ④ ⑤	① ② ③ ④ ⑤

3820	증명하다	3821	증거	3822	교과서

① ② ③ ④ ⑤	① ② ③ ④ ⑤	① ② ③ ④ ⑤

3823	옷감	3824	감사하다	3825	녹다

① ② ③ ④ ⑤	① ② ③ ④ ⑤	① ② ③ ④ ⑤

3826	절도	3827	제목	3828	신학

① ② ③ ④ ⑤	① ② ③ ④ ⑤	① ② ③ ④ ⑤

3817	territory [téritəri]	① ② ③ ④		영토, 범위, 영역	① ② ③ ④
3818	terror [térər]	① ② ③ ④		공포, 테러	① ② ③ ④
3819	terrorism [térərìz-əm]	① ② ③ ④		공포 정치, 테러 행위	① ② ③ ④
3820	testify [téstəfái]	① ② ③ ④		증명하다, 입증하다	① ② ③ ④
3821	testimony [téstəmouni]	① ② ③ ④		증언, 증거	① ② ③ ④
3822	textbook [tékstbùk]	① ② ③ ④		교과서	① ② ③ ④
3823	textile [tékstail]	① ② ③ ④		직물(의), 옷감	① ② ③ ④
3824	thank [θæŋk]	① ② ③ ④		감사하다, 감사, 사의	① ② ③ ④
3825	thaw [θɔ:]	① ② ③ ④		녹다, 풀리다, 해동	① ② ③ ④
3826	theft [θeft]	① ② ③ ④		절도, 도루	① ② ③ ④
3827	theme [θi:m]	① ② ③ ④		제목, 주제, 작문	① ② ③ ④
3828	theology [θialədʒi]	① ② ③ ④		신학	① ② ③ ④

3819 매너리즘(mannerism): 매너리즘(특히 문학·예술의 표현 수단이 틀에 박힌 것); 버릇(태도·언행 따위의) 첨에는 목표 의식이나 열정을 가지고 하다가 자꾸 하다보면 나중에는 습관적인 일상이 되는 것

✓ STEP 1

3829 ① ② ③

이론수업에 어떻게 갔지?
머리에 띠 두른 오리를 데리고 갔어.
☺ 이론 ⇨ 씨어리

3830 ① ② ③

누구를 **치료**해주었어?
테러로 부상당해 피 흘리는 사람.
☺ 치료 ⇨ 테러피

3831 ① ② ③

온도계가 너무 커!
"설마 2미터가 넘겠어?"
☺ 온도계 ⇨ 써마미터

3832 ① ② ③

이번 **논문**은 어떤 것이야?
닭띠들이 씻으러 갈 때의 특징을
연구했어.
☺ 논문 ⇨ 띠-시스

3833 ① ② ③

두꺼운 문을 어떻게 했어?
뛰어와 노크 했어.
☺ 두꺼운 ⇨ 씨크

3834 ① ② ③

돼지 **넓적다리** 고기를 어디서 먹었어?
타이(Thailand)에 가서 먹었어.
☺ 넓적다리 ⇨ 싸이

3835 ① ② ③

새로운 스티로폼 발명에 **목마른**
사람은 어떻게 하고 있어?
골똘히 스티로폼을 바라보고 있어.
☺ 목마른 ⇨ 써-스티

3836 ① ② ③

무슨 **가시**에 찔렸어?
고슴도치가 쏜 가시에 찔렸어.
☺ 가시 ⇨ 쏘-온

3837 ① ② ③

철저하게 청소했어?
아직도 더러우니 만지지마!
☺ 철저하게 ⇨ 써-로

3838 ① ② ③

직녀와 견우는 서로 **완전히** 떨어져
보고서를 어떻게 했어?
서로 울리~(서로 울겠지)
☺ 완전히 ⇨ 서-로울리

3839 ① ② ③

아침에 **생각에 잠기는** 것은?
아침에 눈 떠도, 리버풀의 축구경기가
떠올라서!
☺ 생각에 잠기는 ⇨ 쏘-트펄

3840 ① ② ③

아이를 왜 **심하게 때렸어?**
뜰에 쉬~했잖아!
☺ 심하게 때리다 ⇨ 쓰래쉬

3829 이론	3830 치료	3831 온도계
① ② ③ ④ ⑤	① ② ③ ④ ⑤	① ② ③ ④ ⑤
3832 논문	3833 두꺼운	3834 넓적다리
① ② ③ ④ ⑤	① ② ③ ④ ⑤	① ② ③ ④ ⑤
3835 목마른	3836 가시	3837 철저하게
① ② ③ ④ ⑤	① ② ③ ④ ⑤	① ② ③ ④ ⑤
3838 완전히	3839 생각에 잠기는	3840 심하게 때리다
① ② ③ ④ ⑤	① ② ③ ④ ⑤	① ② ③ ④ ⑤

		①	②			①	②
3829	**theory** [θíəri]	③	④		이론, 원리, 학설	③	④
3830	**therapy** [θérəpi]	①	②		치료, 요법	①	②
		③	④			③	④
3831	**thermometer** [θərmámitər]	①	②		온도계	①	②
		③	④			③	④
3832	**thesis** [θíːsis]	①	②		논제, 주제, 논문	①	②
		③	④			③	④
3833	**thick** [θik]	①	②		두꺼운, 굵은, 빽빽한, 짙은	①	②
		③	④			③	④
3834	**thigh** [θai]	①	②		넓적다리	①	②
		③	④			③	④
3835	**thirsty** [θə́ːrsti]	①	②		목마른, 갈망하는	①	②
		③	④			③	④
3836	**thorn** [θɔːrn]	①	②		가시	①	②
		③	④			③	④
3837	**thorough** [θə́ːrou]	①	②		철저한, 철두철미한	①	②
		③	④			③	④
3838	**thoroughly** [θə́ːrouli]	①	②		완전히, 철저히	①	②
		③	④			③	④
3839	**thoughtful** [θɔ́ːtfəl]	①	②		생각이 깊은, 생각에 잠기는	①	②
		③	④			③	④
3840	**thrash** [θræʃ]	①	②		심하게 때리다, 이리저리 흔들다, 아주 쉽게 이기다	①	②
		③	④			③	④

✓ STEP 1

3841 ① ② ③

으름장을 어디서 놓았어?
뒤뜰에 데려가서 놓아.
☺ 으름 ⇨ 쓰레트

3842 ① ② ③

집주인을 **협박하며** 뭐라고 했어?
"뒤뜰에 있는 금고를 맨해튼으로 보내라!"
☺ 협박하다 ⇨ 쓰레튼

3843 ① ② ③

절약하는 사람의 뒤뜰은 어때?
뒤뜰이 더 **부티나.**
☺ 절약하는 ⇨ 쓰리프티

3844 ① ② ③

가슴 설레는 첫 만남 이후에 오는 것은?
속 쓰릴 이별.
☺ 가슴 설레게 하다 ⇨ 쓰릴

3845 ① ② ③

수풀이 **무성한** 곳에서 뭐했어?
드라이브 했어.
☺ 무성하다 ⇨ 쓰라이브

3846 ① ② ③

흥분을 억누르고 뭘 했어?
뜨개질실이 있는 서랍을 열었어.
☺ 흥분 ⇨ 쓰라브

3847 ① ② ③

왕위에 오르면 뭘 써야 해?
귀족스러운 왕관을 써야해.
☺ 왕위 ⇨ 쓰로운

3848 ① ② ③

많은 **군중**이 모여 든 이유는?
프랑스 배우 '알랑 **드롱**'이 와서 보러왔어.
☺ 군중 ⇨ 쓰롱

3849 ① ② ③

뒷사람이 **세게 밀어서** 괜찮았어?
쓰러져 스트레스 받았어.
☺ 세게 밀다 ⇨ 쓰러스트

3850 ① ② ③

엄지손가락이 왜 그래?
아파서 떰!
☺ 엄지손가락 ⇨ 썸

3851 ① ② ③

쿵 소리를 내면서 지나간 것은?
덤프트럭.
☺ 쿵 소리 ⇨ 썸프

3852 ① ② ③

천둥은 언제부터 치기 시작했어?
어떤 사람이 리코더를 불자 천둥이 치기 시작했어.
☺ 천둥 ⇨ 썬더

| 3841 | 으름 | 3842 | 협박하다 | 3843 | 절약하는 |

| 3844 | 가슴 설레게 하다 | 3845 | 무성하다 | 3846 | 흥분 |

| 3847 | 왕위 | 3848 | 군중 | 3849 | 세게 밀다 |

| 3850 | 엄지손가락 | 3851 | 쿵 소리 | 3852 | 천둥 |

102

3841	**threat** [θret]	① ② ③ ④		으름, 협박, 우려	① ② ③ ④
3842	**threaten** [θrétn]	① ② ③ ④		협박하다, ~의 조짐이 있다	① ② ③ ④
3843	**thrifty** [θrífti]	① ② ③ ④		절약하는, 검약한	① ② ③ ④
3844	**thrill** [θrill]	① ② ③ ④		가슴 설레게 하다, 두근거림, 전율	① ② ③ ④
3845	**thrive** [θráiv]	① ② ③ ④		번창하다, 무성하다	① ② ③ ④
3846	**throb** [θrab]	① ② ③ ④		고동(치다), 흥분, 쑤시다	① ② ③ ④
3847	**throne** [θroun]	① ② ③ ④		왕위, 왕좌	① ② ③ ④
3848	**throng** [θrɔ(:)ŋ]	① ② ③ ④		군중, 다수, 몰려들다	① ② ③ ④
3849	**thrust** [θrʌst]	① ② ③ ④		세게 밀다, 찌르다, 세게 밀기	① ② ③ ④
3850	**thumb** [θʌm]	① ② ③ ④		엄지손가락	① ② ③ ④
3851	**thump** [θʌmp]	① ② ③ ④		쿵쿵 치다, 쿵 소리, 심장이 고동치다	① ② ③ ④
3852	**thunder** [θʌ́ndər]	① ② ③ ④		우레, 천둥, 호통	① ② ③ ④

✓ STEP 1

3853 ① ② ③

눈에 들어가서 눈을 **자극하는** 것은
뭐야?
티끌이 들어갔어!

☺ 자극하다 ⇨ 티클

3854 ① ② ③

타이도 **조류**가 심하니?
응, 타이(Thailand)도 조류가 심해.

☺ 조류 ⇨ 타이드

3855 ① ② ③

차를 **말끔히 치워놓고**는 뭐라고
말했어?
"타, 이 뒤에!"

☺ 말끔히 치우다 ⇨ 타이디

3856 ① ② ③

단정하게 **묶어야하는** 것은?
넥타이.

☺ 묶어야하는 ⇨ 타이

3857 ① ② ③

근육을 **강화하기** 좋은 운동은?
무에타이가 아무튼 최고야!

☺ 강화하다 ⇨ 타이튼

3858 ① ② ③

몸을 **기울여** 꺼낸 것은?
튈 준비를 하며 투명망토를 꺼내들었어.

☺ 기울이다 ⇨ 틸트

3859 ① ② ③

많은 **재목(材木)**이 왜 필요하지?
팀버튼 감독의 영화 제작소를 짓기
위해 필요해.

☺ 재목 ⇨ 팀버

3860 ① ② ③

내가 해야 할 **시기적절한** 행동은?
타임에 맞춰 이리 오는 거야.

☺ 시기적절한 ⇨ 타임리

3861 ① ② ③

겁이 많은 팀이 시합에 나가서 어떻게
됐어?
그 팀이 드디어 이겼어.

☺ 겁이 많은 ⇨ 티미드

3862 ① ② ③

조그마한 상자 안에 있는 게 뭔지
알아?
넥타이니?

☺ 조그마한 ⇨ 타이니

3863 ① ② ③

너~ **피로해** 보이네?
타이어 빵구 때우고 나니 피곤해.

☺ 피로하다 ⇨ 타이어

3864 ① ② ③

얇은 화장지를 뭐라고 해?
티슈.

☺ 얇은 화장지 ⇨ 티슈-

104

3853 자극하다	3854 조류	3855 말끔히 치우다
 ① ② ③ ④ ⑤	 ① ② ③ ④ ⑤	 ① ② ③ ④ ⑤
3856 묶어야하는	3857 강화하다	3858 기울이다
 ① ② ③ ④ ⑤	 ① ② ③ ④ ⑤	 ① ② ③ ④ ⑤
3859 재목	3860 시기적절한	3861 겁이 많은
 ① ② ③ ④ ⑤	 ① ② ③ ④ ⑤	 ① ② ③ ④ ⑤
3862 조그마한	3863 피로하다	3864 얇은 화장지
 ① ② ③ ④ ⑤	 ① ② ③ ④ ⑤	 ① ② ③ ④ ⑤

3853	**tickle** [tík-əl]	① ② ③ ④		간질이다, 자극하다, 기쁘게 하다	① ② ③ ④
3854	**tide** [taid]	① ② ③ ④		조수(조류), 흥망, 밀물처럼 밀어닥치다; 조류를 타고 가다. 흐르다	① ② ③ ④
3855	**tidy** [táidi]	① ② ③ ④		단정한, 상당한, 말끔히 치우다	① ② ③ ④
3856	**tie** [tai]	① ② ③ ④		묶다, 동점이 되다, 넥타이	① ② ③ ④
3857	**tighten** [táitn]	① ② ③ ④		죄다, 강화하다	① ② ③ ④
3858	**tilt** [tilt]	① ② ③ ④		기울이다, 기울기	① ② ③ ④
3859	**timber** [tímbə:r]	① ② ③ ④		재목, 목재, 수목, 인물, 인품	① ② ③ ④
3860	**timely** [táimli]	① ② ③ ④		시기적절한	① ② ③ ④
3861	**timid** [tímid]	① ② ③ ④		겁이 많은, 소심한	① ② ③ ④
3862	**tiny** [táini]	① ② ③ ④		작은, 조그마한	① ② ③ ④
3863	**tire** [taiə:r]	① ② ③ ④		피로하다, 싫증나다	① ② ③ ④
3864	**tissue** [tíʃu:]	① ② ③ ④		① 직물(특히 얇은 명주 따위), 사(紗); (한 장의) 얇은 천 ② 얇은 화장지; 종이 손수건;	① ② ③ ④

106

✓ STEP 1

3865 ① ② ③

그 작곡가가 어떤 **권리**를 가지고 있니?
그 작곡가가 **타이틀**곡을 작곡해서
타이틀곡 저작권을 가지고 있어.
☺ 권리 ⇨ 타이틀

3866 ① ② ③

구운 빵을 뭐라고 해?
토스트.

☺ 구운 빵 ⇨ 토우스트

3867 ① ② ③

발가락 못생겼네!
토 달지 마라.

☺ 발가락 ⇨ 토우

3868 ① ② ③

수고한 근로자가 쉬는 날은?
토, 일.

☺ 수고 ⇨ 토일

3869 ① ② ③

높은 기술이 **상징**인 회사는?
우리 **토건**(토목건설)회사.

☺ 상징 ⇨ 토우컨

3870 ① ② ③

누구를 **관대한** 마음으로 용서했어?
내 집을 **털어**서 렌트카를 빌려 달아난
도둑.
☺ 관대한 ⇨ 탈러런트

3871 ① ② ③

학생을 **관대히 다루는** 이유는?
배탈로 래잇(late,늦은)했기 때문.
☺ 관대히 다루다 ⇨ 탈러레이트

3872 ① ② ③

통행료는 어디서 냈어?
대구 톨게이트에서.
☺ 통행료 ⇨ 토울

3873 ① ② ③

짙은 **색조** 화장을 한 그녀의 목소리는?
하이 **톤**이야!
☺ 색조 ⇨ 토운

3874 ① ② ③

강아지가 **혀**로 핥고 있는 것은 뭐야?
텅 빈 밥그릇이야.

☺ 혀 ⇨ 텅

3875 ① ② ③

목수는 **연장**을 챙기고는 뭐라고 해?
일하러 가기 싫다고 툴툴 거려.

☺ 연장 ⇨ 투-울

3876 ① ② ③

고통스러운 운전은?
여러 톨게이트를 거치며 먼데까지
가는 운전.
☺ 고통 ⇨ 토-멘트

107

3865 권리	3866 구운 빵	3867 발가락
① ② ③ ④ ⑤	① ② ③ ④ ⑤	① ② ③ ④ ⑤
3868 수고	3869 상징	3870 관대한
① ② ③ ④ ⑤	① ② ③ ④ ⑤	① ② ③ ④ ⑤
3871 관대히 다루다	3872 통행료	3873 색조
① ② ③ ④ ⑤	① ② ③ ④ ⑤	① ② ③ ④ ⑤
3874 혀	3875 연장	3876 고통
① ② ③ ④ ⑤	① ② ③ ④ ⑤	① ② ③ ④ ⑤

3865	**title** [táitl]	① ② ③ ④		표제, 직함, 권리	① ② ③ ④
3866	**toast** [toust]	① ② ③ ④		구운 빵, 축배, 건배	① ② ③ ④
3867	**toe** [tou]	① ② ③ ④		발가락, 발끝	① ② ③ ④
3868	**toil** [tɔil]	① ② ③ ④		수고, 노고	① ② ③ ④
3869	**token** [tóukən]	① ② ③ ④		표, 징표, 상징, 명목상의	① ② ③ ④
3870	**tolerant** [tálərənt]	① ② ③ ④		관대한, 아량 있는	① ② ③ ④
3871	**tolerate** [táləréit]	① ② ③ ④		관대히 다루다, 참다, 묵인하다	① ② ③ ④
3872	**toll** [toul]	① ② ③ ④		울리다, 통행료, 사상자수	① ② ③ ④
3873	**tone** [toun]	① ② ③ ④		음질, 어조, 색조, 기풍	① ② ③ ④
3874	**tongue** [tʌŋ]	① ② ③ ④		혀, 말, 언어	① ② ③ ④
3875	**tool** [tu:l]	① ② ③ ④		도구, 연장, 수단	① ② ③ ④
3876	**torment** [tɔ:rmént]	① ② ③ ④		괴롭히다, 고문하다, 고문, 고통, 고뇌	① ② ③ ④

✓ STEP 1

3877 ① ② ③

미국 중남부 지역에서 자주 일어나는
깔때기 모양의 강력한 **회오리바람**은?
토네이도.
☺ 회오리바람 ⇨ 토-네이도우

3878 ① ② ③

억수 같은 비가 쏟아진 도시는?
캐나다 토론토.
☺ 억수 ⇨ 토런트

3879 ① ② ③

심한 고통이 있는 부분을 어떻게
했어?
다른 사람이 막대기로 또 쳤어.
☺ 심한 고통 ⇨ 토-쳐

3880 ① ② ③

툭 던진 깡통에 누가 맞았어?
오페라 '라 토스카'를 보고 있던
사람이 맞았어.
☺ 툭 던지다 ⇨ 토스

3881 ① ② ③

선생님~ **합계**가 맞나요?
어디 보자, 또 틀렸구나.
☺ 합계의 ⇨ 토우틀

3882 ① ② ③

전체주의인 우리 가족은 늘 외친다
내가 또 모두를 멜러(데리러)가서 차에
태우리~! 근데 과연 언니가 좋아할까?
☺ 전체주의 ⇨ 토태러테어리니즘

3883 ① ② ③

피아니스트가 사람들을 **감동시킨**
순간은?
손이 피아노를 터치할 때 마다.
☺ 감동시키다 ⇨ 터취

3884 ① ② ③

강한 남자를 뭐라 해?
터프가이(tough guy).
☺ 강한 ⇨ 터프

3885 ① ② ③

관광 사업이 확장되면 나도
관광업종에 근무하고 싶어
스튜어디스 뽑는다니 니 좀 지원해봐.
☺ 관광 사업 ⇨ 투-어리즘

3886 ① ② ③

네 차, **견인**됐다며?
응, 벌금 낼 거 생각하며 토할뻔 했어.
☺ 견인 ⇨ 토우

3887 ① ② ③

독성의 술병을 어디에 올려놨어?
탁자와 식탁에.
☺ 독성의 ⇨ 탁식

3888 ① ② ③

할머니의 **자취**가 어디 남아 있어?
재봉틀에 남아 있어.
☺ 자취 ⇨ 트레이스

3877 회오리바람	3878 억수	3879 심한 고통
① ② ③ ④ ⑤	① ② ③ ④ ⑤	① ② ③ ④ ⑤

3880 툭 던지다	3881 합계의	3882 전체주의
① ② ③ ④ ⑤	① ② ③ ④ ⑤	① ② ③ ④ ⑤

3883 감동시키다	3884 강한	3885 관광 사업
① ② ③ ④ ⑤	① ② ③ ④ ⑤	① ② ③ ④ ⑤

3886 견인	3887 독성의	3888 자취
① ② ③ ④ ⑤	① ② ③ ④ ⑤	① ② ③ ④ ⑤

3877	**tornado** [tɔːrnéidou]	①	②		① 바다나 넓은 평지에서 발생하는 깔때기 모양의 회오리바람 ② (갈채 따위의) 폭풍, 우레	①	②
		③	④			③	④
3878	**torrent** [tɔ́r-ənt]	①	②		급류, 억수	①	②
		③	④			③	④
3879	**torture** [tɔ́ːrtʃəːr]	①	②		괴롭히다, 왜곡하다, 심한 고통	①	②
		③	④			③	④
3880	**toss** [tɔːs,tɑs/tɔs]	①	②		툭 던지다, 갑자기 머리를 젖히다, 뒤섞다, 톡 던지기	①	②
		③	④			③	④
3881	**total** [tóutl]	①	②		전체의, 합계의, 완전한	①	②
		③	④			③	④
3882	**totalitarianism** [toutǽlətέ-ərism]	①	②		전체주의(의)	①	②
		③	④			③	④
3883	**touch** [tʌtʃ]	①	②		닿다, 감동시키다, 솜씨, 필치, 기미	①	②
		③	④			③	④
3884	**tough** [tʌf]	①	②		강한, 곤란한, 힘든	①	②
		③	④			③	④
3885	**tourism** [tú-əriz-əm]	①	②		관광 사업	①	②
		③	④			③	④
3886	**tow** [tou]	①	②		끌다, 견인	①	②
		③	④			③	④
3887	**toxic** [táksik]	①	②		독성의, 유독한	①	②
		③	④			③	④
3888	**trace** [treis]	①	②		흔적, 자취, 추적하다, 확인하다	①	②
		③	④			③	④

3880 라 토스카(La Tosca): 이탈리아의 작곡가 푸치니가 사르두의 연극에서 소재를 얻어 작곡한 오페라

✓ STEP 1

3889 ① ② ③

마라토너들이 **지나간 자국**은?
트랙에 찍힌 발자국들.

☺ 지나간 자국 ⇨ 트랙

3890 ① ② ③

어떤 제품으로 **무역**할거야?
예쁜 **틀**에 담긴 레몬**에이드**로 할
거야.

☺ 무역 ⇨ 트레이드

3891 ① ② ③

그녀를 **상징하는 특징**이 뭐지?
그녀의 **트레이드마크**는 귀여운
윙크야.

☺ 상징하는 특징 ⇨ 트레이드마-크

3892 ① ② ③

전통 떡 만드는 틀이 어딨어?
틀을 **어디선**가 봤는데 안 보이네.

☺ 전통 ⇨ 트레디션

3893 ① ② ③

우편 **수송**차가 어디로 지나갔어?
트랙위로 휙하고 지나갔어.

☺ 수송 ⇨ 트래픽

3894 ① ② ③

비극적인 얘기가 시작된 곳은?
트레인(기차) 저 뒤에서 시작됐어.

☺ 비극 ⇨ 트래저디

3895 ① ② ③

범인을 어떻게 **추적했어**?
트레인 레일(rail,철도레일)을 따라
추적했어.

☺ 추적하다 ⇨ 트레일

3896 ① ② ③

열차에 뭘 입고 올라탔지?
트레이닝 바지를 입고 탔어.

☺ 열차 ⇨ 트레인

3897 ① ② ③

특색 있는 운동법도 특허를 받을 수
있니?
트레이너가 특허를 받았어.

☺ 특색 ⇨ 트레이트

3898 ① ② ③

역적은 어디에 있니?
형틀에 묶여 있어.

☺ 역적 ⇨ 트레이터

3899 ① ② ③

왜 밤에 **터벅터벅 걸어갔어**?
트럭이 고장 나 램프를 들고 터벅터벅
걸어갔어.

☺ 터벅터벅 걷다 ⇨ 트람프

3900 ① ② ③

고요한 밤 뒤뜰에 뭐가 숨어있지?
뒤뜰엔 킬러가 숨어있어.

☺ 고요한 ⇨ 트랭퀼

3889 지나간 자국	3890 무역	3891 상징하는 특징

① ② ③ ④ ⑤	① ② ③ ④ ⑤	① ② ③ ④ ⑤

3892 전통	3893 수송	3894 비극

① ② ③ ④ ⑤	① ② ③ ④ ⑤	① ② ③ ④ ⑤

3895 추적하다	3896 열차	3897 특색

① ② ③ ④ ⑤	① ② ③ ④ ⑤	① ② ③ ④ ⑤

3898 역적	3899 터벅터벅 걷다	3900 고요한

① ② ③ ④ ⑤	① ② ③ ④ ⑤	① ② ③ ④ ⑤

3889	**track** [træk]	① ② ③ ④		지나간 자국, 통로, 궤도	① ② ③ ④
3890	**trade** [treid]	① ② ③ ④		매매, 무역, 거래, 교환, 장사하다	① ② ③ ④
3891	**trademark** [tréidmà:rk]	① ② ③ ④		상표, 상징하는 특징	① ② ③ ④
3892	**tradition** [trədiʃən]	① ② ③ ④		전설, 전통	① ② ③ ④
3893	**traffic** [træfik]	① ② ③ ④		교통, 수송, 거래, 교섭	① ② ③ ④
3894	**tragedy** [trædʒədi]	① ② ③ ④		비극(적인 이야기)	① ② ③ ④
3895	**trail** [treil]	① ② ③ ④		뒤쫓다, 추적하다, 좁은 길, 흔적	① ② ③ ④
3896	**train** [trein]	① ② ③ ④		열차, 행렬, 연속, 훈련하다, 연습하다	① ② ③ ④
3897	**trait** [treit]	① ② ③ ④		특색, 특성	① ② ③ ④
3898	**traitor** [tréitər]	① ② ③ ④		반역자, 배반자, 역적	① ② ③ ④
3899	**tramp** [tramp]	① ② ③ ④		짓밟다, 터벅터벅 걷다	① ② ③ ④
3900	**tranquil** [trǽŋkwil]	① ② ③ ④		조용한, 고요한	① ② ③ ④

✓ STEP 1

3901 ① ② ③	3902 ① ② ③	3903 ① ② ③
창틀에는 어떻게 **처리**하지? 창틀엔 섹션으로 나눠서 처리해. ☺ 처리 ⇨ 트랜색션	타임머신으로 시간을 **초월해서** 도착한 곳은? 기존 틀엔 없는 새로운 듯한 곳에 도착했어. ☺ 초월하다 ⇨ 트랜센드	주거지를 **이동**한 이유는? 시애틀엔 슈퍼가 많이 없어서. ☺ 이동 ⇨ 트랜스퍼-

3904 ① ② ③	3905 ① ② ③	3906 ① ② ③
자동차를 로봇으로 **변형시키는** 영화는? '트랜스포머'. ☺ 변형시키다 ⇨ 트랜스포-옴	역에서 기차가 **일시적으로** 하는 것은? 트레인은 잠시 쉬었다 출발해. ☺ 일시적인 ⇨ 트랜션트	밤이 되는 **과도기**의 현상은? 지금 뜰에 지는 선(sun,해) 그림자. ☺ 과도기 ⇨ 트랜지션

3907 ① ② ③	3908 ① ② ③	3909 ① ② ③
뜰에서 일어나는 **일시적인** 현상은? 뜰에서 도토리가 떨어지는 것이야~ ☺ 일시적인 ⇨ 트랜서토-리	**번역하고** 있는 책이 왜 이리 늦어? 트랜스포머 책을 기한에 못 맞춰 래잇(late, 늦다)해서 미안해. ☺ 번역하다 ⇨ 트랜스레이트	시애틀엔 누가 우편을 **보내**? 시애틀엔 스미스씨가 보내. ☺ 보내다 ⇨ 트랜스미트

3910 ① ② ③	3911 ① ② ③	3912 ① ② ③
투명한 변압기는 어디서 났어? 트랜스(변압기)는 페어런트(부모)가 사 오신 거야. ☺ 투명한 ⇨ 트랜스페어런트	트랜스포머가 **옮겨 심은** 것은 뭐지? 트랜스포머가 옮겨 심은 것은 플랜트(식물)야. ☺ 옮겨 심다 ⇨ 트랜스플랜트	물건을 **운송**하고 있는 로봇은? 트랜스 포머 트럭 로봇. ☺ 운송 ⇨ 트랜스포-트

3901 처리	3902 초월하다	3903 이동
① ② ③ ④ ⑤	① ② ③ ④ ⑤	① ② ③ ④ ⑤

3904 변형시키다	3905 일시적인	3906 과도기
① ② ③ ④ ⑤	① ② ③ ④ ⑤	① ② ③ ④ ⑤

3907 일시적인	3908 번역하다	3909 보내다
① ② ③ ④ ⑤	① ② ③ ④ ⑤	① ② ③ ④ ⑤

3910 투명한	3911 옮겨 심다	3912 운송
① ② ③ ④ ⑤	① ② ③ ④ ⑤	① ② ③ ④ ⑤

		①	②			①	②
3901	**transaction** [trænsǽkʃən]				처리, 취급, 거래		
		③	④			③	④
3902	**transcend** [trænsénd]	①	②		넘다, 초월하다	①	②
		③	④			③	④
3903	**transfer** [trænsfə́:r]	①	②		옮기다, 이동시키다, 갈아타다, 이동	①	②
		③	④			③	④
3904	**transform** [trænsfɔ́:rm]	①	②		변형시키다	①	②
		③	④			③	④
3905	**transient** [trǽnʃənt]	①	②		일시적인, 변하기 쉬운	①	②
		③	④			③	④
3906	**transition** [trænzíʃən]	①	②		변천, 이행, 과도기, 전환기	①	②
		③	④			③	④
3907	**transitory** [trǽnsətɔ̀:ri]	①	②		일시적인, 무상한	①	②
		③	④			③	④
3908	**translate** [trænsléit]	①	②		번역하다, 환언하다	①	②
		③	④			③	④
3909	**transmit** [trænsmít]	①	②		보내다, 전송하다, 전달하다	①	②
		③	④			③	④
3910	**transparent** [trænspɛ́-ərənt]	①	②		투명한, 비치는, 명료한	①	②
		③	④			③	④
3911	**transplant** [trænsplǽnt]	①	②		이식하다, 옮겨 심다, 이식	①	②
		③	④			③	④
3912	**transport** [trænspɔ́:rt]	①	②		수송하다, 운송, 교통	①	②
		③	④			③	④

✓ STEP 1

3913 ① ② ③

주인공을 어디로 **수송했어?**
트랜스포머 로봇은 스테이션(station, 역)에 **수송했어.**
☺ 수송 ⇨ 트랜스퍼테이션

3914 ① ② ③

그를 어디에 **가두었어?**
창살 **틀**에 가뒀어.
☺ 가두다 ⇨ 트랩

3915 ① ② ③

쓰레기 속에 트럭이 있네?
트럭 안에 후레쉬도 있어.
☺ 쓰레기 ⇨ 트래쉬

3916 ① ② ③

날며 **이동하는** 것은 뭐지?
뜰에 있던 벌이야.
☺ 이동하다 ⇨ 트래블

3917 ① ② ③

반역한 사람은 어떻게 처리됐어?
고문 **틀**에 묶어서 못 움직이게 **처리했어.**
☺ 반역 ⇨ 트레쳐리

3918 ① ② ③

아이들이 눈을 어디서도 **밟고** 있어?
뜰에서도 밟고 있어.
☺ 밟다 ⇨ 트레드

3919 ① ② ③

보물이 묻혀 있는 곳은?
앞뜰에 저 소나무 밑에.
☺ 보물 ⇨ 트레져

3920 ① ② ③

목공소에서 **취급하며** 부르는 노래는?
트리(tree) 트로트 노래.
☺ 취급하다 ⇨ 트리-트

3921 ① ② ③

협정으로 서로 교환한 것은 뭐지?
트리(tree)와 티(tea).
☺ 협정 ⇨ 트리-티

3922 ① ② ③

프라이팬을 **가볍게 흔들어서** 만드는 것은?
마트에서 산 달걀로 만드는 스크램블.
☺ 가볍게 흔들리다 ⇨ 트램벌

3923 ① ② ③

엄청난 힘을 지닌 사람은 누구지?
트리(나무)를 멘, 도스토예프스키.
☺ 엄청난 ⇨ 트리멘더스

3924 ① ② ③

요즘 유행하는 **추세**는?
복고 **트랜드**야.
☺ 추세 ⇨ 트렌드

3913 수송	3914 가두다	3915 쓰레기
① ② ③ ④ ⑤	① ② ③ ④ ⑤	① ② ③ ④ ⑤
3916 이동하다	3917 반역	3918 밟다
① ② ③ ④ ⑤	① ② ③ ④ ⑤	① ② ③ ④ ⑤
3919 보물	3920 취급하다	3921 협정
① ② ③ ④ ⑤	① ② ③ ④ ⑤	① ② ③ ④ ⑤
3922 가볍게 흔들리다	3923 엄청난	3924 추세
① ② ③ ④ ⑤	① ② ③ ④ ⑤	① ② ③ ④ ⑤

3913	transportation [trænspɔ:rtéiʃ-ən]	① ② ③ ④		운송, 수송, 운임	① ② ③ ④
3914	trap [træp]	① ② ③ ④		올가미, 가두다, 덫으로 잡다	① ② ③ ④
3915	trash [træʃ]	① ② ③ ④		쓰레기, 폐물, 졸작	① ② ③ ④
3916	travel [trǽv-əl]	① ② ③ ④		여행하다, 이동하다	① ② ③ ④
3917	treachery [trétʃəri]	① ② ③ ④		반역, 배반, 배신	① ② ③ ④
3918	tread [tred]	① ② ③ ④		밟다, 밟음	① ② ③ ④
3919	treasure [tréʒər]	① ② ③ ④		보물, 보배, 소중한 것, 비축하다	① ② ③ ④
3920	treat [tri:t]	① ② ③ ④		다루다, 취급하다, 치료하다, 대접하다	① ② ③ ④
3921	treaty [trí:ti]	① ② ③ ④		조약, 협정, 교섭	① ② ③ ④
3922	tremble [tremb-əl]	① ② ③ ④		(몸을) 떨다, 떨리다, (가볍게) 흔들리다, (걱정·두려움으로 가슴이) 떨리다	① ② ③ ④
3923	tremendous [triméndəs]	① ② ③ ④		엄청난, 대단한, 무시무시한	① ② ③ ④
3924	trend [trend]	① ② ③ ④		방향, 경향, 추세, 향하다	① ② ③ ④

3920 트로트(trot): 우리나라 대중 가요의 하나   3923 도스토예프스키(Dostoevskii): 러시아의 장편 소설 "죄와 벌"을 쓴 작가

✓ STEP 1

3925 ① ② ③

동생이 **방해해서** 어떻게 했지?
스트레스 받아 동생 공을 뺏어서 멀리
패스해 버렸어.
☺ 방해하다 ⇨ 트레스퍼스

3926 ① ② ③

재판 붙은 이유가 뭐지?
트라이 속옷을 얼마에 팔았는지
알려고.
☺ 재판 ⇨ 트라이얼

3927 ① ② ③

삼각형 모양의 악기는?
트라이앵글.
☺ 삼각형 ⇨ 트라이앵글

3928 ① ② ③

저 **부족**의 특징은 뭐지?
특이하게 뛰면서 라이브로 노래를
하는 거야.
☺ 부족 ⇨ 트라이브

3929 ① ② ③

추장에게 **공물**로 선물한 것은?
트리와 붓도 선물했다.
☺ 공물 ⇨ 트리뷰-트

3930 ① ② ③

저 마술사의 **묘기**는 뭐지?
트릭(속임수)을 쓰는 거야.
☺ 묘기 ⇨ 트릭

3931 ① ② ③

나뭇가지가 **똑똑 떨어지는** 나무는
어느 것이지?
저 트릴컬?(tree,나무일걸)
☺ 똑똑 떨어지다 ⇨ 트리컬

3932 ① ② ③

사소한 일인 것은 뭐지?
트라이앵글 손잡이 끈이 풀어진
것이야.
☺ 사소한 일 ⇨ 트라이펄

3933 ① ② ③

방아쇠를 잘못 당겨서 어떻게 됐어?
목표물을 틀리고 말았어.
☺ 방아쇠 ⇨ 트리거

3934 ① ② ③

1조의 돈이 맞겠지?
응, 틀릴 리 없어.
☺ 1조의 ⇨ 트릴런

3935 ① ② ③

잘 **잘라내어 정돈된** 트리 맞지?
응, 정돈된 트리(tree)임.
☺ 잘라내다 ⇨ 트림

3936 ① ② ③

"**여행** 재미있었어?"
"이번 트립은 정말 즐거웠어~"
☺ 여행 ⇨ 트립

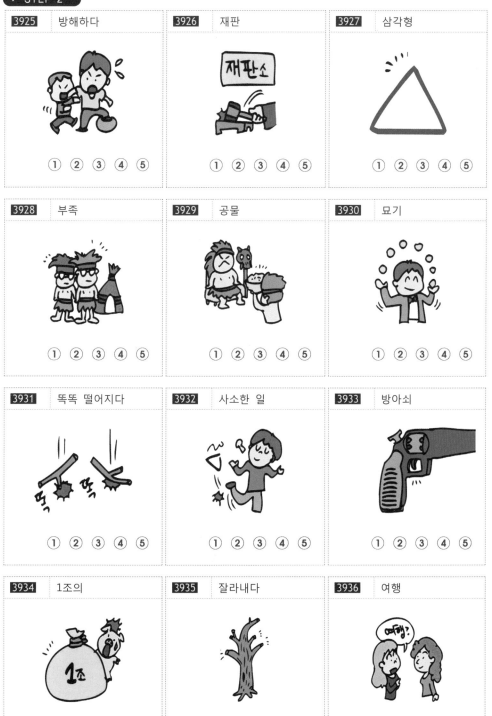

3925 방해하다	3926 재판	3927 삼각형
① ② ③ ④ ⑤	① ② ③ ④ ⑤	① ② ③ ④ ⑤

3928 부족	3929 공물	3930 묘기
① ② ③ ④ ⑤	① ② ③ ④ ⑤	① ② ③ ④ ⑤

3931 똑똑 떨어지다	3932 사소한 일	3933 방아쇠
① ② ③ ④ ⑤	① ② ③ ④ ⑤	① ② ③ ④ ⑤

3934 1조의	3935 잘라내다	3936 여행
① ② ③ ④ ⑤	① ② ③ ④ ⑤	① ② ③ ④ ⑤

3925	**trespass** [tréspəs]	① ② ③ ④		침입하다, 방해하다	① ② ③ ④
3926	**trial** [tráiəl]	① ② ③ ④		시도, 시험, 시련, 재판	① ② ③ ④
3927	**triangle** [tráiæ̀ŋ-əl]	① ② ③ ④		삼각형, 삼각관계	① ② ③ ④
3928	**tribe** [tráib]	① ② ③ ④		부족, 종족, 류	① ② ③ ④
3929	**tribute** [tríbju:t]	① ② ③ ④		찬사, 찬양의 표시, 공물	① ② ③ ④
3930	**trick** [trik]	① ② ③ ④		묘기, 책략, 요령, 장난	① ② ③ ④
3931	**trickle** [trík-əl]	① ② ③ ④		똑똑 떨어지다	① ② ③ ④
3932	**trifle** [tráif-əl]	① ② ③ ④		사소한 일, 조금 가볍게 다루다	① ② ③ ④
3933	**trigger** [trígə:r]	① ② ③ ④		갑자기 일으키다, 방아쇠	① ② ③ ④
3934	**trillion** [tríljən]	① ② ③ ④		1조의	① ② ③ ④
3935	**trim** [trim]	① ② ③ ④		다듬다, 잘라내다, 정돈	① ② ③ ④
3936	**trip** [trip]	① ② ③ ④		여행, 출장, 소풍, 실수	① ② ③ ④

✓ STEP 1

3937 ① ② ③

이전보다 **세 배**나 많이 단 장식은?
트리(나무)에 **펄**(진주)모양 장식을
달았어.
☺ 세 배의 ⇨ 트리플

3938 ① ② ③

군대가 돌아올 때 내는 소리는?

뭐가 **대성공**이었어?
트라이엄프 속옷 판매가
대성공이었어.
☺ 대성공 ⇨ 트라이엄프

3939 ① ② ③

하찮은 나무 자르다 어떻게 되었어?
트리(나무) 자르다 톱에 **비였**어.
☺ 하찮은 ⇨ 트리비얼

3940 ① ② ③

군대가 돌아올 때 내는 소리는?
'뜨룹~뜨룹~' 나팔 불며 돌아와.
☺ 군대 ⇨ 트루-프

3941 ① ② ③

열대 지방에 다녀오면 뭘 줄 거야?
트로피를 줄 거야.
☺ 열대 ⇨ 트라픽

3942 ① ② ③

열대의 야자나무로 뭘 만들어?
트로피를 만들어 **컬러**를 입힐 거야.
☺ 열대의 ⇨ 트라피컬

3943 ① ② ③

뭐 때문에 **고생**하니?
얼굴에 생긴 **트러블**때문이야.
☺ 고생 ⇨ 트러벌

3944 ① ② ③

아이들이 **일시적 중지**한 것은 뭐지?
장난감 **트리케랍토스**와
티라노사우루스로 싸우다가 중지했어.
☺ 일시적 중지 ⇨ 트루-스

3945 ① ② ③

나무**줄기**는 어디에 실었어?
차 **트렁크**에 실었어.
☺ 줄기 ⇨ 트렁크

3946 ① ② ③

관절염 치료에 **신용할 만한** 방법은?
트라스트를 무릎에 붙이면 돼.
☺ 신용하다 ⇨ 트러스트

3947 ① ② ③

애가 잘 치려고 **애쓰고** 있는 악기는?
트라이앵글.
☺ 애쓰다 ⇨ 트라이

3948 ① ② ③

터널에 뭘 들고 들어갔어?
튜브.
☺ 터널 ⇨ 튜-브

3937	세 배의
3938	대성공
3939	하찮은
3940	군대
3941	열대
3942	열대의
3943	고생
3944	일시적 중지
3945	줄기
3946	신용하다
3947	애쓰다
3948	터널

3937	**triple** [tríp-əl]	① ② ③ ④	×3	세 배의, 세 겹의	① ② ③ ④
3938	**triumph** [tráiəmf]	① ② ③ ④		승리, 대성공	① ② ③ ④
3939	**trivial** [tríviəl]	① ② ③ ④		하찮은, 평범한, 경박한	① ② ③ ④
3940	**troop** [tru:p]	① ② ③ ④		대, 무리, 군대, 병력	① ② ③ ④
3941	**tropic** [trápik]	① ② ③ ④		회귀선, 열대	① ② ③ ④
3942	**tropical** [trápik-əl/trɔ́p-]	① ② ③ ④		열대(성)의	① ② ③ ④
3943	**trouble** [trʌ́b-əl]	① ② ③ ④		고생, 걱정, 수고, 불화	① ② ③ ④
3944	**truce** [tru:s]	① ② ③ ④		휴전, 일시적 중지	① ② ③ ④
3945	**trunk** [trʌŋk]	① ② ③ ④		줄기, 본체, 트렁크	① ② ③ ④
3946	**trust** [trʌst]	① ② ③ ④		맡기다, 신용하다, 신탁, 신뢰	① ② ③ ④
3947	**try** [trai]	① ② ③ ④		시도하다, 애쓰다, 시험하다, 괴롭히다	① ② ③ ④
3948	**tube** [tju:b]	① ② ③ ④		관, 튜브, 터널, 지하철(영국)	① ② ③ ④

3946 트라스트(Trast): SK제약의 관절염 치료제. '3일'을 뜻하는 영문 'TRI'와 '지속하다'는 뜻을 가진 'LAST'의 합성어로 약효가 3일 동안 지속된다는 의미를 가지고 있다

✓ STEP 1

3949 ① ② ③

친구와 다툴 때 **끌어당긴** 것은?
친구의 턱을 잡고 당겼어.
☺ 끌어당기다 ⇨ 터그

3950 ① ② ③

그 사람은 **수업료**가지고 어떻게 했어?
들고 튀셨어.
☺ 수업료 ⇨ 투-이션

3951 ① ② ③

어디에 **굴러 떨어졌어**?
덤블.
☺ 굴러 떨어지다 ⇨ 텀블

3952 ① ② ③

관광버스가 난리 **법석**이네
춤을 추느라 난리 법석이야.
☺ 법석 ⇨ 튜-멀트

3953 ① ② ③

곡을 연주하기 위해 악기를 어떻게
해?
튜닝하여 음을 맞춰야 해.
☺ 곡 ⇨ 튜-운

3954 ① ② ③

저 곳이 왜 **혼란**스러워?
약수터로 모일 사람들이 먼저 뜨려고
혼란스러워.
☺ 혼란 ⇨ 터-머일

3955 ① ② ③

핸들을 **돌리면** 어떻게 되지?
차가 U턴을 해.
☺ 돌리다 ⇨ 터-언

3956 ① ② ③

가정교사가 가지고 있는 책은?
두터운 책.
☺ 가정교사 ⇨ 튜-터

3957 ① ② ③

어떤 **잔가지**를 치라는 거야?
트리(tree) 위의 그 잔가지를 쳐.
☺ 잔가지 ⇨ 트위그

3958 ① ② ③

황혼이 질 때는?
두 아일 낳을 때야.
☺ 황혼 ⇨ 트와이라이트

3959 ① ② ③

반짝이는 그녀는 어떻게 했어?
화이트 펄을 눈에 바르고
윙클(윙크를)했어.
☺ 반짝이다 ⇨ 트윙클

3960 ① ② ③

몸을 **비틀면서** 추는 춤은?
트위스트 춤.
☺ 비틀다 ⇨ 트위스트

3949 끌어당기다	3950 수업료	3951 굴러 떨어지다
① ② ③ ④ ⑤	① ② ③ ④ ⑤	① ② ③ ④ ⑤
3952 법석	3953 곡	3954 혼란
① ② ③ ④ ⑤	① ② ③ ④ ⑤	① ② ③ ④ ⑤
3955 돌리다	3956 가정교사	3957 잔가지
① ② ③ ④ ⑤	① ② ③ ④ ⑤	① ② ③ ④ ⑤
3958 황혼	3959 반짝이다	3960 비틀다
① ② ③ ④ ⑤	① ② ③ ④ ⑤	① ② ③ ④ ⑤

3949	**tug** [tʌg]	① ② ③ ④		(빨리) 끌어당기다	① ② ③ ④
3950	**tuition** [tjuːíʃ-ən]	① ② ③ ④		수업료, 교수, 지도	① ② ③ ④
3951	**tumble** [tʌ́mb-əl]	① ② ③ ④		엎드러지다, 굴러 떨어지다	① ② ③ ④
3952	**tumult** [tjúːmʌlt]	① ② ③ ④		법석, 소동, 격정	① ② ③ ④
3953	**tune** [tjuːn]	① ② ③ ④		곡, 장단, 조율하다,	① ② ③ ④
3954	**turmoil** [tə́ːrmɔil]	① ② ③ ④		소란, 혼란	① ② ③ ④
3955	**turn** [təːrn]	① ② ③ ④		돌리다, 켜다, 잠그다, 돌다	① ② ③ ④
3956	**tutor** [tjúːtəːr]	① ② ③ ④		가정교사, 교본	① ② ③ ④
3957	**twig** [twig]	① ② ③ ④		잔가지, 지맥	① ② ③ ④
3958	**twilight** [twailáit]	① ② ③ ④		어스름, 황혼	① ② ③ ④
3959	**twinkle** [twíŋk-əl]	① ② ③ ④		반짝이다	① ② ③ ④
3960	**twist** [twist]	① ② ③ ④		비틀다, 얽히게 하다, 비틀림	① ② ③ ④

3953 튜닝(tuning): 조율, 조정, 라디오나 텔레비전 방송-등에서 주파수를 맞추는 것

✓ STEP 1

3961 ① ② ③

태풍에 날아간 것은?
넥타이와 스푼.
☺ 태풍 ⇨ 타이푸-운

3962 ① ② ③

특유의 신 맛이 나는 것은?
레몬티(tea)와 피클.
☺ 특유의 ⇨ 티피컬

3963 ① ② ③

폭정에 견디지 못해 튈 거야?
튀려니, 벼슬이 아까워.
☺ 폭정 ⇨ 티러니

3964 ① ② ③

도처에 있는 통신망에 자유롭게
접속할 수 있는 시대는?
'유비쿼터스 시대'
☺ 도처에 있는 ⇨ 유-비쿼터스

3965 ① ② ③

최후의 승자는 어느 팀이 될까?
어느 팀이 될지 알 수 없어.
☺ 최후의 ⇨ 올티미트

3966 ① ② ③

초음파 찍을 때도
얼굴 들어 사진 찍니?
☺ 초음파의 ⇨ 얼트러사닉

3967 ① ② ③

자외선 막으려고 어떻게 했어?
얼굴 틀어 바이올린으로 가렸어.
☺ 자외선 ⇨ 얼트러바이얼릿

3968 ① ② ③

누구를 심판하지?
엄마를 '파파'라 부르는 이 어린이를
심판한데.
☺ 심판하다 ⇨ 엄파이어

3969 ① ② ③

만장일치로 정한 구역의 선에 누가
넘어온 거야?
유(you)가 내 쪽으로 넘었으~
☺ 만장일치의 ⇨ 유-내너머스

3970 ① ② ③

모르는 스타 사진은 누구야?
언니가 칸(Cannes)에서 스타와 사진을
찍었어.
☺ 모르는 ⇨ 언칸셔스

3971 ① ② ③

냉동실에서 찾아낸 것은?
꽁꽁 언 시트커버를 찾았어.
☺ 찾아내다 ⇨ 언커버

3972 ① ② ③

내의만 입고 뛰었어?
언덕으로 뛰어가니 사람들이 큭큭
웃으며 로즈(장미)를 던져줬어.
☺ 내의 ⇨ 언더클로우즈

3961 태풍	3962 특유의	3963 폭정

① ② ③ ④ ⑤   ① ② ③ ④ ⑤   ① ② ③ ④ ⑤

3964 도처에 있는	3965 최후의	3966 초음파의

① ② ③ ④ ⑤   ① ② ③ ④ ⑤   ① ② ③ ④ ⑤

3967 자외선	3968 심판하다	3969 만장일치의

① ② ③ ④ ⑤   ① ② ③ ④ ⑤   ① ② ③ ④ ⑤

3970 모르는	3971 찾아내다	3972 내의

① ② ③ ④ ⑤   ① ② ③ ④ ⑤   ① ② ③ ④ ⑤

3961	typhoon [taifú:n]	① ② ③ ④		태풍	① ② ③ ④
3962	typical [típikəl]	① ② ③ ④		전형적인, 특유의	① ② ③ ④
3963	tyranny [tírəni]	① ② ③ ④		포학, 전제 정치, 폭정	① ② ③ ④
3964	ubiquitous [ju:bíkwətəs]	① ② ③ ④		도처에 있는, 편재하는	① ② ③ ④
3965	ultimate [ʌ́ltimit]	① ② ③ ④		최후의, 근원적인	① ② ③ ④
3966	ultrasonic [ʌ̀ltrəsánik]	① ② ③ ④		초음파의	① ② ③ ④
3967	ultraviolet [ʌ̀ltrəváiəlit]	① ② ③ ④		자외선(의)	① ② ③ ④
3968	umpire [ʌ́mpaiər]	① ② ③ ④		심판원, 중재자, 심판하다	① ② ③ ④
3969	unanimous [ju:nǽnəməs]	① ② ③ ④		만장일치의, 이의 없는, 합의의	① ② ③ ④
3970	unconscious [ʌnkánʃəs]	① ② ③ ④		무의식의, 모르는	① ② ③ ④
3971	uncover [ʌnkʌ́vər]	① ② ③ ④		밝히다, 찾아내다, 덮개를 벗기다	① ② ③ ④
3972	underclothes [ʌ́ndərklòuðz]	① ② ③ ④		내의	① ② ③ ④

3970 칸(Cannes): 프랑스 남동부의 휴양지; 영화제로 유명

✓ STEP 1

3973 ① ② ③

내가 **겪은** 고통을 니가 알아?
나도 안다고!

☺ 겪다 ⇨ 언더고우

3974 ① ② ③

대학 **학부 재학생**에게 뭐라고 했어?
언덕에서 숨고, "그래, 네 뒤에 있어!"

☺ 대학 학부 재학생 ⇨
언더그래쥬이트

3975 ① ② ③

산 밑 **지하**에 숨은 거야?
아니, 언덕 뒤 그라운드(ground,
땅바닥)에 숨었어.

☺ 지하 ⇨ 언더그라운드

3976 ① ② ③

새로 생긴 바 **아니**?
언덕 밑에 스탠드 바 말이지?

☺ 알다 ⇨ 언더스탠드

3977 ① ② ③

공사를 **착수하고** 보니 뭐가 있지?
언덕에 오르니 테이크아웃 커피점이
있네.

☺ 착수하다 ⇨ 언더테이크

3978 ① ② ③

내 **속옷** 좀 갖다 줄래?
언덕 위 웨어(where), 어디에 매달려
있는데?

☺ 속옷 ⇨ 언더웨어

3979 ① ② ③

무엇을 **원상태로 돌려**놓으라는 거야?
언두부를 원상태로 돌려놓아라.

☺ 원상태로 돌리다 ⇨ 언두-

3980 ① ② ③

근심스러운 얼굴로 쳐다보는 사람
누군지 알아?
네 언니지?

☺ 근심스러운 ⇨ 언이-지

3981 ① ② ③

실직한 사람이
어인 일로, 머플러와
브로마이드(bromide)를 가지고 갔어?

☺ 실직한 ⇨ 어넴프로이드

3982 ① ② ③

생소한 길은 왜 갔어?
불길한 예언이 퍼져 혼란한 인파
속으로 밀려들어 갔어.

☺ 생소한 ⇨ 언퍼밀리어

3983 ① ② ③

접혀 있는 종이를 펴고 뭐라고 했어?
엄포를 놓았더니 울더라.

☺ 펴다 ⇨ 언포울드

3984 ① ② ③

통일을 위해서 어떻게 하기로 했어?
남북의 자유로운 대화를 위한 건물을
높이 짓고 그 곳에서 커뮤니케이션을
하기로 했어.

☺ 통일 ⇨ 유-너피케이션

3973	겪다

① ② ③ ④ ⑤

3974	대학 학부 재학생

① ② ③ ④ ⑤

3975	지하

① ② ③ ④ ⑤

3976	알다

① ② ③ ④ ⑤

3977	착수하다

① ② ③ ④ ⑤

3978	속옷

① ② ③ ④ ⑤

3979	원상태로 돌리다

① ② ③ ④ ⑤

3980	근심스러운

① ② ③ ④ ⑤

3981	실직한

① ② ③ ④ ⑤

3982	생소한

① ② ③ ④ ⑤

3983	펴다

① ② ③ ④ ⑤

3984	통일

① ② ③ ④ ⑤

3973	**undergo** [ʌndərgóu]	① ② ③ ④		겪다, (곤란 등을)당하다, 참다	① ② ③ ④
3974	**undergraduate** [ʌndərgrǽdʒuit]	① ② ③ ④		대학 학부재학생, 풋내기	① ② ③ ④
3975	**underground** [ʌndərgràund]	① ② ③ ④		지하(의), 지하에(서); 비밀히, 몰래; 잠행적으로	① ② ③ ④
3976	**understand** [ʌndərstǽnd]	① ② ③ ④		이해하다, 알다	① ② ③ ④
3977	**undertake** [ʌndərtéik]	① ② ③ ④		떠맡다, 착수하다	① ② ③ ④
3978	**underwear** [ʌndərwɛ̀ər]	① ② ③ ④		속옷	① ② ③ ④
3979	**undo** [ʌndúː]	① ② ③ ④		풀다, 원상태로 돌리다	① ② ③ ④
3980	**uneasy** [ʌníːzi]	① ② ③ ④		근심스러운, 불안한, 거북한, 어려운, 어색한	① ② ③ ④
3981	**unemployed** [ʌnemplɔ́id]	① ② ③ ④		실직한, 사용되지 않는	① ② ③ ④
3982	**unfamiliar** [ʌnfəmíljər]	① ② ③ ④		생소한, 익숙지 못한	① ② ③ ④
3983	**unfold** [ʌnfóuld]	① ② ③ ④		① 펼치다, 펴다, 펴지다 ② 나타내다, 표명하다, 털어놓다; 말하다, 설명하다.	① ② ③ ④
3984	**unification** [jùːnəfikéiʃən]	① ② ③ ④		통일, 단일화, 통합	① ② ③ ④

136

✓ STEP 1

3985 ① ② ③

단체로 입는 **제복**을 뭐라고 해?
유니폼.

☺ 제복 ⇨ 유-니포옴

3986 ① ② ③

왕이 **윤허**를 내려 **파이**(pie) 왕국이
통일 되었어.
파이왕국은 어떻게 **통일되었어**?

☺ 통일하다 ⇨ 유-너파이

3987 ① ② ③

언니가 **사심 없는** 것은?
언니는 인터넷에서 **네스티**(tea,차)**도**
싸게 팔아도 사심 없어.

☺ 사심 없는 ⇨ 언인터러스티드

3988 ① ② ③

분단된 독일이 **결합**되는 것을 언제
보았어?
유년시절에.

☺ 결합 ⇨ 유-니언

3989 ① ② ③

전 세계에서 **유일한** 것이 있는
동물원은?
유니콘이 **덴마크** 동물원에 있데.

☺ 유일한 ⇨ 유-니-크

3990 ① ② ③

의견을 **통일하여** 어디로 가지?
자유롭게 **나이트**로 놀러가자!

☺ 통일하다 ⇨ 유-나이트

3991 ① ② ③

우주박람회에서 학생들이 뭐하고
있지?
유니폼 입고 **벌서**고 있네!
☺ 우주 ⇨ 유-니벌스

3992 ① ② ③

유별난 여자는 어떻게 해?
오뉴월에도 쥬얼리 매장에 가.

☺ 유별난 ⇨ 언유-절

3993 ① ② ③

생선가게에서 **경시된** 시선을 주면서
하는 말은?
언 생선은 **별로** 더라! 라고 했어.
☺ 경시된 ⇨ 언밸류-드

3994 ① ② ③

점점 **다가오는** 그림자에 어떻게 했지?
동생을 **업고** 허밍을 부르며 도망쳤다.
☺ 다가오는 ⇨ 업커밍

3995 ① ② ③

오르막길을 걸으며 뭐 했어?
게임을 **업그레이드** 시켰어.
☺ 오르막 ⇨ 업그레이드

3996 ① ② ③

오르막길에서 가장 반가운 말은?
"**업**래?"
☺ 오르막의 ⇨ 업힐

3985 제복	3986 통일하다	3987 사심 없는

① ② ③ ④ ⑤	① ② ③ ④ ⑤	① ② ③ ④ ⑤

3988 결합	3989 유일한	3990 통일하다

① ② ③ ④ ⑤	① ② ③ ④ ⑤	① ② ③ ④ ⑤

3991 우주	3992 유별난	3993 경시된

① ② ③ ④ ⑤	① ② ③ ④ ⑤	① ② ③ ④ ⑤

3994 다가오는	3995 오르막	3996 오르막의

① ② ③ ④ ⑤	① ② ③ ④ ⑤	① ② ③ ④ ⑤

		①	②			①	②
3985	**uniform** [júːnifɔ́ːrm]				균일한, 일정한, 제복		
		③	④			③	④
3986	**unify** [júːnəfài]	①	②		통일(합병)하다	①	②
		③	④			③	④
3987	**uninterested** [ʌníntərəstid]	①	②		사심 없는, 공평한	①	②
		③	④			③	④
3988	**union** [júːnjən]	①	②		결합, 합일, 조합	①	②
		③	④			③	④
3989	**unique** [juːníːk]	①	②		유일한, 유례없는, 독특한	①	②
		③	④			③	④
3990	**unite** [juːnáit]	①	②		통일(결합) 하다	①	②
		③	④			③	④
3991	**universe** [juːnivə́ːrs]	①	②		우주, 만유, 세계	①	②
		③	④			③	④
3992	**unusual** [ʌnjúːʒuəl]	①	②		이상한, 유별난	①	②
		③	④			③	④
3993	**unvalued** [ʌnvǽljuːdvalued]	①	②		경시된, 미평가의	①	②
		③	④			③	④
3994	**upcoming** [ʌ́pkʌ̀miŋ]	①	②		다가오는	①	②
		③	④			③	④
3995	**upgrade** [ʌ́pgrèid]	①	②		오르막, 향상	①	②
		③	④			③	④
3996	**uphill** [ʌ́phìl]	①	②		오르막의, 힘든	①	②
		③	④			③	④

3989 유니콘(unicorn): 인도와 유럽의 전설의 동물, 모양과 크기는 말과 같고 이마에 뿔이 하나 있다. 3993 valued: 귀중한, 소중한, 평가된 3994 허밍(humming): 입을 다물고 소리를 코로 내면서 노래를 부르는 창법(唱法)

✓ STEP 1

3997 ① ② ③	3998 ① ② ③	3999 ① ② ③
지지하는 사람들은 아무도 없는 홀(hall)에서도 구호를 계속했어.	파일을 **올려주려면** 어떻게 해? '업로드' 해야 해.	**높은** 실력의 선수에게 당한 것은? 엎어치기 당했어.
☺ 지지하다 ⇨ 업호울드	☺ 올려주기 ⇨ 업로우드	☺ 높은 ⇨ 어퍼

4000 ① ② ③	4001 ① ② ③	4002 ① ② ③
자세가 **곧은** 상태로 뭐 했어? 메이크업을 받으며 영화의 하이라이트를 봤어.	나무가 **뿌리째 뽑히는** 폭우에 뭘 했어? 아빠한테 업혀서 플루트를 불었어.	취업 첫 날 뭘 **뒤집어엎었어?** 취업 첫 날에 병원의 핀셋을 뒤집어엎었어.
☺ 곧은 ⇨ 업라이트	☺ 뿌리째 뽑다 ⇨ 업루-트	☺ 뒤집어엎다 ⇨ 업세트

4003 ① ② ③	4004 ① ② ③	4005 ① ② ③
한 겨울 **도시**에서 길을 잃어 어떻게 됐어? 얼 뻔했어.	뭘 **재촉한** 거야? 수도관이 얼지 않도록 수리를 재촉했어.	**긴급한** 벨소리는 뭐지? "어! 지금 전투가 시작되었어!"
☺ 도시의 ⇨ 어-번	☺ 재촉하다 ⇨ 어-쥐	☺ 긴급한 ⇨ 어-전트

4006 ① ② ③	4007 ① ② ③	4008 ① ② ③
관습을 보니? 너 유씨(氏)지?	**안내원**을 자세히 보니 누구였어? '어셔'라는 가수였어.	**평범한** 유리로 장식할 거야? 아니, 유리 말고 쥬얼리로 장식할 거야!
☺ 관습 ⇨ 유-시쥐	☺ 안내원 ⇨ 어셔	☺ 평범한 ⇨ 유-주얼

3997 지지하다

① ② ③ ④ ⑤

3998 올려주기

① ② ③ ④ ⑤

3999 높은

① ② ③ ④ ⑤

4000 곧은

① ② ③ ④ ⑤

4001 뿌리째 뽑다

① ② ③ ④ ⑤

4002 뒤집어엎다

① ② ③ ④ ⑤

4003 도시의

① ② ③ ④ ⑤

4004 재촉하다

① ② ③ ④ ⑤

4005 긴급한

① ② ③ ④ ⑤

4006 관습

① ② ③ ④ ⑤

4007 안내원

① ② ③ ④ ⑤

4008 평범한

① ② ③ ④ ⑤

3997	uphold [ʌdphóuld]	① ② ③ ④		떠받치다, 지탱하다, 지지하다	① ② ③ ④
3998	upload [ʌplòud]	① ② ③ ④		올려주기(하다)	① ② ③ ④
3999	upper [ʌ́pər]	① ② ③ ④		위쪽의, 높은, 상위의	① ② ③ ④
4000	upright [ʌ́prait]	① ② ③ ④		직립한, 곧은, 정직한	① ② ③ ④
4001	uproot [ʌprúːt]	① ② ③ ④		뿌리째 뽑다, 근절하다	① ② ③ ④
4002	upset [ʌpsét]	① ② ③ ④		뒤집어엎다, 혼란스럽게 하다, 뒤집힌, 혼란스런	① ② ③ ④
4003	urban [ə́ːrbən]	① ② ③ ④		도시의, 도회풍의	① ② ③ ④
4004	urge [əːrdʒ]	① ② ③ ④		재촉하다, 주장하다, 촉구, 충동	① ② ③ ④
4005	urgent [ə́ːrdʒənt]	① ② ③ ④		긴급한, 재촉하는	① ② ③ ④
4006	usage [júːsidʒ]	① ② ③ ④		용법, 사용, 관습, 습관	① ② ③ ④
4007	usher [ʌ́ʃər]	① ② ③ ④		안내원, 수위, 안내하다, 예고하다	① ② ③ ④
4008	usual [júːʒuəl]	① ② ③ ④		평범한, 통상의, 보통의, 일상의	① ② ③ ④

✓ STEP 1

4009 ① ② ③

이웃엔 주방용품을 뭘로 써?
이웃엔 **텐**달러짜리 주방용품을 쓸 거야!

☺ 용품 ⇨ 유-**텐**설

4010 ① ② ③

파티에서 뭘 **활용**하면 좋을까?
윷을 서프라이즈 파티에서 활용하자!

☺ 활용하다 ⇨ 유-**터라이즈**

4011 ① ② ③

왜 **극도의** 스트레스를 받았어?
엇~ **모의**고사 점수가 안 나와서 스트레스를 받았어.

☺ 극도의 ⇨ **엇모우스트**

4012 ① ② ③

뭘 **말하라는** 거야?
어떻게 되었는지 말하라는 거야!

☺ 말하다 ⇨ **어터**

4013 ① ② ③

빈 접시에 뭘 더 달라고 투덜거려?
베이컨도 더 달라고.

☺ 빈 ⇨ **베이컨트**

4014 ① ② ③

여름 **방학**을 뭐라고 해?
썸머 **베케이션.**

☺ 방학 ⇨ **베이케이션**

4015 ① ② ③

진공 상태의 우주공간에서 외계인이 어떻게 했어?
빼꼼 얼굴을 내밀었어.

☺ 진공 ⇨ **배큐엄**

4016 ① ② ③

언제부터 **불명확한** 병에 걸렸니?
칼에 **베이구** 나서 걸렸어요.

☺ 불명확한 ⇨ **베이그**

4017 ① ② ③

허영심이 강한 그는 칼에 베인 상처를 뭐로 치료했어?
칼에 **베인** 상처를 돈으로 치료했어.

☺ 허영심 강한 ⇨ **베인**

4018 ① ② ③

씩씩한 남동생은 춤을 잘 춘다면서?
밸리댄스를 언뜻 보기에도 잘 춰.

☺ 씩씩한 ⇨ **밸런트**

4019 ① ② ③

살이 빠지는 **타당한** 근거가 있는 춤이 뭐야?
밸리댄스도 살이 잘 빠진데.

☺ 타당한 ⇨ **밸리드**

4020 ① ② ③

계곡에서 춤추는 사람들은 누구야?
밸리댄서들이야.

☺ 계곡 ⇨ **밸리**

4009 용품	4010 활용하다	4011 극도의
① ② ③ ④ ⑤	① ② ③ ④ ⑤	① ② ③ ④ ⑤
4012 말하다	4013 빈	4014 방학
① ② ③ ④ ⑤	① ② ③ ④ ⑤	① ② ③ ④ ⑤
4015 진공	4016 불명확한	4017 허영심 강한
① ② ③ ④ ⑤	① ② ③ ④ ⑤	① ② ③ ④ ⑤
4018 씩씩한	4019 타당한	4020 계곡
① ② ③ ④ ⑤	① ② ③ ④ ⑤	① ② ③ ④ ⑤

4009	**utensil** [juːténsəl]	① ② ③ ④		(주방) 용품, 기구, 도구	① ② ③ ④
4010	**utilize** [júːtəlàiz]	① ② ③ ④		활용하다, 소용되게 하다	① ② ③ ④
4011	**utmost** [ʌ́tmóust]	① ② ③ ④		극도의, 최대	① ② ③ ④
4012	**utter** [ʌ́tər]	① ② ③ ④		발언하다, 말하다, 전적인, 무조건의	① ② ③ ④
4013	**vacant** [véikənt]	① ② ③ ④		공허한, 비어있는, 빈, 한가한, 멍청한	① ② ③ ④
4014	**vacation** [veikéiʃən]	① ② ③ ④		방학, 휴가	① ② ③ ④
4015	**vacuum** [vǽkjuəm]	① ② ③ ④		진공, 공백, 진공의	① ② ③ ④
4016	**vague** [veig]	① ② ③ ④		애매한, 막연한, 불명확한, 희미한	① ② ③ ④
4017	**vain** [vein]	① ② ③ ④		헛된, 공허한, 허영심 강한	① ② ③ ④
4018	**valiant** [vǽljənt]	① ② ③ ④		용감한, 영웅적인, 건장한, 힘센, 씩씩한	① ② ③ ④
4019	**valid** [vǽlid]	① ② ③ ④		근거가 확실한, 유효한, 타당한	① ② ③ ④
4020	**valley** [vǽli]	① ② ③ ④		골짜기, 계곡	① ② ③ ④

✓ STEP 1

4021 ① ② ③

난 네가 업어줘야 할 **가치 있는** 사람이야
별로 업을만한 가치가 없어
보이는데요.
☺ 가치 있는 ⇨ 밸류-어블

4022 ① ② ③
가치가 없어 보이는 물건은?
이 물건이 **별로** 가치가 없어 보이네.
☺ 가치 ⇨ 밸류-

4023 ① ② ③

내겐 리스 차가 **무가치한** 것 같애
응, 나도 **별로**야 리스 차는 나에게도
필요 없어.
☺ 무가치한 ⇨ 밸류리스

4024 ① ② ③

갑자기 **사라진** 것은 뭐지?
마술사가 상자에 미녀를 넣었는데 칼을
찔러 넣어 베니, 시(she,그녀)가 사라졌어.
☺ 사라지다 ⇨ 배니쉬

4025 ① ② ③

증기는 어디서 나오는 거야?
배가 밖으로 퍼내고 있는 거야.
☺ 증기 ⇨ 베이펄

4026 ① ② ③

가지각색의 어떤 곰이 있어?
베어(bear,곰)도 리드하는 곰,
따라다니는 곰-등이 있어.
☺ 가지각색의 ⇨ 베어리드

4027 ① ② ③

여러 가지의 병을 일으키는 것은?
바이러스(virus).
☺ 여러 가지의 ⇨ 베어리어스

4028 ① ② ③

케이크, 잼, 과자 등 **다양하게** 만들 수
있는 재료는?
블랙베리 하나로 다양하게 만들 수 있어.
☺ 다양하게 하다 ⇨ 베어리

4029 ① ② ③

그 바위는 크기가 **거대한데**?
바위 중에 베스트(best)야.
☺ 거대한 ⇨ 배스트

4030 ① ② ③

송아지 고기를 요리한 사람은 누구야?
빌게이츠 동생 빌(Bill)이야.
☺ 송아지 고기 ⇨ 비-일

4031 ① ② ③

누가 **채식주의자**이지?
베지밀만 데워 먹는 이 언니야.
☺ 채식주의자 ⇨ 베져테어리언

4032 ① ② ③

열성적인 비어 팬은 어떻게 해?
비어(맥주)팬은 먼데까지 맛있는
맥주를 찾으러 다녀.
☺ 열성적인 ⇨ 비-어먼트

146

4021 가치 있는	4022 가치	4023 무가치한

① ② ③ ④ ⑤	① ② ③ ④ ⑤	① ② ③ ④ ⑤

4024 사라지다	4025 증기	4026 가지각색의

① ② ③ ④ ⑤	① ② ③ ④ ⑤	① ② ③ ④ ⑤

4027 여러 가지의	4028 다양하게 하다	4029 거대한

① ② ③ ④ ⑤	① ② ③ ④ ⑤	① ② ③ ④ ⑤

4030 송아지 고기	4031 채식주의자	4032 열성적인

① ② ③ ④ ⑤	① ② ③ ④ ⑤	① ② ③ ④ ⑤

4021	valuable [vǽljuːəbəl]	① ② ③ ④		귀중한, 값비싼, 가치 있는	① ② ③ ④
4022	value [vǽljuː]	① ② ③ ④		가치, 가격, 대가	① ② ③ ④
4023	valueless [vǽljulis]	① ② ③ ④		무가치한, 하찮은	① ② ③ ④
4024	vanish [vǽniʃ]	① ② ③ ④		사라지다, 희미해지다	① ② ③ ④
4025	vapor [véipər]	① ② ③ ④		(수)증기, 공상	① ② ③ ④
4026	varied [vɛ́ərid]	① ② ③ ④		가지각색의, 변화 있는	① ② ③ ④
4027	various [vɛ́əriəs]	① ② ③ ④		여러 가지의, 다양한	① ② ③ ④
4028	vary [vɛ́ri]	① ② ③ ④		바꾸다, 다양하게 하다, 변하다	① ② ③ ④
4029	vast [væst]	① ② ③ ④		광대한, 거대한, 대단한	① ② ③ ④
4030	veal [viːl]	① ② ③ ④		송아지 고기	① ② ③ ④
4031	vegetarian [vèdʒətɛ́əriən]	① ② ③ ④		채식주의자(의)	① ② ③ ④
4032	vehement [víːəmənt]	① ② ③ ④		격렬한, 열성적인	① ② ③ ④

148

✓ STEP 1

4033 ① ② ③

내가 **탈 것**이 오면 이 차는 그냥
있을까?
아마 **비킬** 거야.
☺ 탈 것 ⇨ 비-컬

4034 ① ② ③

정맥을 살짝 다쳤구나?
칼에 **베인** 걸 몰랐어요.
☺ 정맥 ⇨ 베인

4035 ① ② ③

오토바이 타고 **속도**를 내고 어떻게 했어?
빌라들을 스쳐지나가면서 **시티**(도시)를
빠져나갔어.
☺ 속도 ⇨ 빌라서티

4036 ① ② ③

머리에 밴드 맨 사람은 뭘 **파는
사람**이야?
헤어밴드 파는 사람이야.
☺ 파는 사람 ⇨ 벤덜

4037 ① ② ③

창문을 열어 **환기 시키고** 있는데 누가
왔어?
벤이 티(tea)타임에 **래잇**(late, 늦은)했어.
☺ 환기 시키다 ⇨ 벤터레이트

4038 ① ② ③

실패의 **위험을 무릅쓰고** 만든 회사는?
벤처기업이야.
☺ 위험을 무릅쓰다 ⇨ 벤철

4039 ① ② ③

말로 해결할 수 있을까?
그럼 ~ **법을** 떠나 말로 해결할 수
있어.
☺ 말의 ⇨ 벌-벌

4040 ① ② ③

왕을 배신한 사람에게 어떤 **평결**이
내려졌어?
벌로 다리를 뒤트는 평결이 나왔어.
☺ 평결 ⇨ 벌-딕트

4041 ① ② ③

시장의 **가장자리**에서 장사하는 이유가
있어?
이 사람아, 당연히 돈을 더 **벌지**!
☺ 가장자리 ⇨ 벌-쥐

4042 ① ② ③

무슨 **증거**가 있어?
돈 **벌어** 다른 여자와 휙 ~ 베케이션
(vacation,휴가) 다녀온 증거가 있어.
☺ 증거 ⇨ 베러피케이션

4043 ① ② ③

무엇을 **입증하라**는 것이지?
원수의 목을 **베러** 갔다가 파이만 베어
온 이유를 입증해!
☺ 입증하다 ⇨ 베러파이

4044 ① ② ③

재주가 많은 그 사람들은 뭐해?
일을 **벌써**들 끝냈군!
☺ 재주가 많은 ⇨ 벌-서틀

4033 탈 것	4034 정맥	4035 속도

① ② ③ ④ ⑤	① ② ③ ④ ⑤	① ② ③ ④ ⑤

4036 파는 사람	4037 환기 시키다	4038 위험을 무릅쓰다

① ② ③ ④ ⑤	① ② ③ ④ ⑤	① ② ③ ④ ⑤

4039 말의	4040 평결	4041 가장자리

① ② ③ ④ ⑤	① ② ③ ④ ⑤	① ② ③ ④ ⑤

4042 증거	4043 입증하다	4044 재주가 많은

① ② ③ ④ ⑤	① ② ③ ④ ⑤	① ② ③ ④ ⑤

4033	vehicle [víː(h)ikl]	①	②		탈 것, 매개(물), 수단, 방법	①	②
		③	④			③	④
4034	vein [vein]	①	②		정맥, 맥, 기질, 기분	①	②
		③	④			③	④
4035	velocity [vəlásəti]	①	②		속력, 속도	①	②
		③	④			③	④
4036	vendor [véndər]	①	②		파는 사람, 행상인	①	②
		③	④			③	④
4037	ventilate [véntəlèit]	①	②		환기시키다, (공기를)정화하다	①	②
		③	④			③	④
4038	venture [véntʃər]	①	②		감히 ~ 하다, 위험을 무릅쓰다, 모험, 투기	①	②
		③	④			③	④
4039	verbal [vɚ́ːrbəl]	①	②		① (글이 아닌)말의, 말에 나타낸, 말에 관한 ② 구두 구술	①	②
		③	④			③	④
4040	verdict [vɚ́ːrdikt]	①	②		평결, 판단, 의견	①	②
		③	④			③	④
4041	verge [vəːrdʒ]	①	②		경계, 가장자리, ~가에 있다(인접하다)	①	②
		③	④			③	④
4042	verification [vèrəfikéiʃən]	①	②		확인, 입증, 증거	①	②
		③	④			③	④
4043	verify [vérəfai]	①	②		증명하다, 입증하다, 검증	①	②
		③	④			③	④
4044	versatile [vɚ́ːrsətl]	①	②		재주가 많은, 변덕스러운	①	②
		③	④			③	④

151

✓ STEP 1

4045 ① ② ③

부모님에 대한 마음을 **시로**
표현하는데 장난쳐서 어떻게 됐어?
그래서 벌서고 있어.
☺ 시로 표현하다 ⇨ 벌-스

4046 ① ② ③

기존 음악에서 많이 **변형된** 음악
없어?
이 곡이 새로운 버전의 음악이야.
☺ 변형된 ⇨ 벌-전

4047 ① ② ③

넌 거꾸로 **수직** 자세로 해서 얼마나
버틸 수 있어?
1분은 버틸걸!
☺ 수직 ⇨ 벌-티컬

4048 ① ② ③

그 **그릇**은 어디에 쓸 거지?
배에서 쓸 거야.
☺ 그릇 ⇨ 베설

4049 ① ② ③

배수구에 **흔적**을 남긴 게 뭐야?
배수구에 티 나게 흔적을 남긴 건 생쥐야.
☺ 흔적 ⇨ 베스티쥐

4050 ① ② ③

수의사가 진료하고 있는 개는?
새끼를 배고 있는 개.
☺ 수의사 ⇨ 베트

4051 ① ② ③

넌 돈 세는 데는 역시 **노련한**
사람이야
돈 세는 데는 난 베테랑이야.
☺ 노련가 ⇨ 베터런

4052 ① ② ③

수의사가 하는 일 중 하나는?
강아지의 배 털어 내리는 일도 해.
☺ 수의사 ⇨ 베터러네어리언

4053 ① ② ③

좋은 바위가 되는데 **결점**이 되는
것은?
바위에 스친 자국.
☺ 결점 ⇨ 바이스

4054 ① ② ③

작은 팀이 **희생**당하는 경우는?
경기에서 빅(큰) 팀과 겨루면
희생당해.
☺ 희생 ⇨ 빅팀

4055 ① ② ③

자기 팀의 **승리**를 응원할 때는 어떻게
하지?
"V! I! C! T! O! R! Y! **빅토리**!!"하며 응원해.
☺ 승리 ⇨ 빅터리

4056 ① ② ③

바다가 **전망**으로 보이는 방을 구하고
싶으면?
오션뷰(view) 방을 구하면 돼.
☺ 전망 ⇨ 뷰-

4045 시로 표현하다	4046 변형된	4047 수직
① ② ③ ④ ⑤	① ② ③ ④ ⑤	① ② ③ ④ ⑤
4048 그릇	4049 흔적	4050 수의사
① ② ③ ④ ⑤	① ② ③ ④ ⑤	① ② ③ ④ ⑤
4051 노련가	4052 수의사	4053 결점
① ② ③ ④ ⑤	① ② ③ ④ ⑤	① ② ③ ④ ⑤
4054 희생	4055 승리	4056 전망
① ② ③ ④ ⑤	① ② ③ ④ ⑤	① ② ③ ④ ⑤

4045	verse [vəːrs]	① ② ③ ④		운문, 시구, 시로 표현하다	① ② ③ ④
4046	version [vɔ́ːrʒən]	① ② ③ ④		변형, 번역, 각색, 판	① ② ③ ④
4047	vertical [vɔ́ːrtikəl]	① ② ③ ④		수직의, 정점의	① ② ③ ④
4048	vessel [vésəl]	① ② ③ ④		용기, 그릇, 배	① ② ③ ④
4049	vestige [véstidʒ]	① ② ③ ④		자취, 흔적	① ② ③ ④
4050	vet [vet]	① ② ③ ④		진료하다, 수의사	① ② ③ ④
4051	veteran [vétərən]	① ② ③ ④		고참병, 노련가	① ② ③ ④
4052	veterinarian [vètərənéəriən]	① ② ③ ④		수의사	① ② ③ ④
4053	vice [vais]	① ② ③ ④		악덕, 결점	① ② ③ ④
4054	victim [víktim]	① ② ③ ④		희생, 피해자	① ② ③ ④
4055	victory [víktəri]	① ② ③ ④		승리, 극복	① ② ③ ④
4056	view [vjuː]	① ② ③ ④		전망, 조망, 경치, 시야, 견해, 목적	① ② ③ ④

4056 오션뷰(ocean view): 바다가 보이는 전망

✓ STEP 1

4057 ① ② ③

텔레비전을 보는 **사람**이 갑자기
좋아하며 하는 말은?
"내가 좋아하는 스타 인터뷰여~"

☺ 보는 사람 ⇨ 뷰-얼

4058 ① ② ③

인터뷰의 **관점**은 뭐지?
이 인터뷰의 포인트는 환경을
보호하자는 것이야.

☺ 관점 ⇨ 뷰-포인트

4059 ① ② ③

왜 **생기**가 없어?
마음이 텅 비고 아프네.

☺ 생기 ⇨ 비걸

4060 ① ② ③

그가 **활기차게** 한 일은?
비오는 거리를 걸었어.

☺ 활기찬 ⇨ 비거러스

4061 ① ② ③

비열한 저 사람이 왜 밉니?
봐, 상사한테 일러바치잖아.

☺ 비열한 ⇨ 바일

4062 ① ② ③

규칙을 **어긴** 이유가 뭐야?
봐! 이 열 때문에 래잇(late, 늦은) 했어.

☺ 어기다 ⇨ 바이어레이트

4063 ① ② ③

무엇이 사람들을 **방해**했니?
엉망인 바이올린 소리가 레크레이션에
모인 사람들을 방해했어.

☺ 방해 ⇨ 바이어레이션

4064 ① ② ③

어떻게 **모독**을 주었어?
얼굴이 큰 바이올린 연주자에게
연주와 얼굴이 언밸런스하다고 했어.

☺ 모독 ⇨ 바이얼렌스

4065 ① ② ③

사실상 냉동 창고에 갇혀있다면
어떨까?
버티기엔 너무 추워.

☺ 사실상 ⇨ 벌-추얼

4066 ① ② ③

우리의 아름다운 **미덕**은 뭐지?
추석 전에 조상들의 묘를 벌초하는
것이야.

☺ 미덕 ⇨ 벌-츄-

4067 ① ② ③

우리 몸도 **병균**에 걸리는 것 것처럼
컴퓨터도 어때?
바이러스에 걸려.

☺ 병균 ⇨ 바이어러스

4068 ① ② ③

이 방에서 세 사람이 잔다면 **명백한**
것은 뭐지?
비좁을 것이야.

☺ 명백한 ⇨ 비저벌

4057 보는 사람	4058 관점	4059 생기

① ② ③ ④ ⑤	① ② ③ ④ ⑤	① ② ③ ④ ⑤

4060 활기찬	4061 비열한	4062 어기다

① ② ③ ④ ⑤	① ② ③ ④ ⑤	① ② ③ ④ ⑤

4063 방해	4064 모독	4065 사실상

① ② ③ ④ ⑤	① ② ③ ④ ⑤	① ② ③ ④ ⑤

4066 미덕	4067 병균	4068 명백한

① ② ③ ④ ⑤	① ② ③ ④ ⑤	① ② ③ ④ ⑤

		①	②			①	②
4057	**viewer** [vjúːər]	③	④		보는 사람, 뷰어	③	④
4058	**viewpoint** [vjúːpɔ̀int]	①	②		견해, 관점, 보이는 지점	①	②
		③	④			③	④
4059	**vigor** [vígər]	①	②		활기, 정력, 생기	①	②
		③	④			③	④
4060	**vigorous** [vígərəs]	①	②		힘찬, 활기찬	①	②
		③	④			③	④
4061	**vile** [vail]	①	②		사악한, 비열한, 불쾌한, 심한	①	②
		③	④			③	④
4062	**violate** [váiəleit]	①	②		어기다, 더럽히다, 폭행하다	①	②
		③	④			③	④
4063	**violation** [vàiəléiʃən]	①	②		위반, 방해, 폭행	①	②
		③	④			③	④
4064	**violence** [váiələns]	①	②		폭력, 모독, 격렬함	①	②
		③	④			③	④
4065	**virtual** [və́ːrtʃəl]	①	②		사실상의, 실질적인	①	②
		③	④			③	④
4066	**virtue** [və́ːrtʃuː]	①	②		미덕, 덕, 정조, 장점	①	②
		③	④			③	④
4067	**virus** [váiərəs]	①	②		바이러스, 병균	①	②
		③	④			③	④
4068	**visible** [vizəbəl]	①	②		볼 수 있는, 명백한	①	②
		③	④			③	④

✓ STEP 1

4069 ① ② ③

보기에 멋있고 **선명한** 차네?
비쥬얼이 멋있어.

☺ 선명한 ⇨ 비쥬얼

4070 ① ② ③

이 연기자를 **상상해보면** 어때?
비쥬얼이 살아나는 나이지.

☺ 상상하다 ⇨ 비쥬얼라이즈

4071 ① ② ③

어떻게 **치명적인** 상황까지 되었어?
놀다가 바위틈에 끼었어.

☺ 치명적인 ⇨ 바이틀

4072 ① ② ③

시원하고 **생생한** 냉면을 먹으려면?
얼음에 비비듯 해서 먹어 봐.

☺ 생생한 ⇨ 비비드

4073 ① ② ③

목소리를 내는 사람은 누구야?
그 그룹의 보컬이야.

☺ 목소리의 ⇨ 보우컬

4074 ① ② ③

너의 **천직**은 뭐지?
나의 천직은 부엌에 있어요.

☺ 천직 ⇨ 보우케이션

4075 ① ② ③

요요가 얼마나 **인기** 있는 데?
모든 사람에게 보급될 정도야.

☺ 인기 ⇨ 보우그

4076 ① ② ③

공허한 시간을 어떻게 보냈어?
안개 속에서 보이듯 안 보이듯
보냈어.

☺ 공허한 ⇨ 보이드

4077 ① ② ③

화산을 소재로 한 영화는?
'볼케이노'.

☺ 화산 ⇨ 발케이노우

4078 ① ② ③

책이 몇 **권**인지 셀 때 어떻게 하면 안
지루해?
음악의 볼륨을 올리고 세면 안
지루해.

☺ 권 ⇨ 발리움

4079 ① ② ③

하늘에 떠 있는 **부피가 큰** 저건 뭐야?
벌룬(balloon)이 담 넘어서 하늘에 떠
있네.

☺ 부피가 큰 ⇨ 벌루-머너스

4080 ① ② ③

너 **자발적으로** 도와주는 거 맞지?
입에 발린 말이면 때리면 돼.

☺ 자발적인 ⇨ 발런테리

4069 선명한	4070 상상하다	4071 치명적인

① ② ③ ④ ⑤	① ② ③ ④ ⑤	① ② ③ ④ ⑤

4072 생생한	4073 목소리의	4074 천직

① ② ③ ④ ⑤	① ② ③ ④ ⑤	① ② ③ ④ ⑤

4075 인기	4076 공허한	4077 화산

① ② ③ ④ ⑤	① ② ③ ④ ⑤	① ② ③ ④ ⑤

4078 권	4079 부피가 큰	4080 자발적인

① ② ③ ④ ⑤	① ② ③ ④ ⑤	① ② ③ ④ ⑤

4069	**visual** [víʒuəl]	① ② ③ ④		① 시각의; 보는, 보기 위한; 눈에 보이는; 광학상의. ② 눈에 보이는 듯한, 선명한.	① ② ③ ④
4070	**visualize** [víʒuəlàiz]	① ② ③ ④		보이게 하다, 상상하다	① ② ③ ④
4071	**vital** [váitl]	① ② ③ ④		생명의, 생명유지에 필요한, 생생한, 치명적인, 지극히 중요한	① ② ③ ④
4072	**vivid** [vívid]	① ② ③ ④		생생한, 선명한	① ② ③ ④
4073	**vocal** [vóukəl]	① ② ③ ④		목소리의, 소리를 내는	① ② ③ ④
4074	**vocation** [voukéiʃən]	① ② ③ ④		직업, 천직, 소명	① ② ③ ④
4075	**vogue** [voug]	① ② ③ ④		유행, 성행, 인기	① ② ③ ④
4076	**void** [vɔid]	① ② ③ ④		① 빈, 공허한 ② (직위 따위가) 공석인, 자리가 빈 ③ 『법률』 무효의 ④ 무익한	① ② ③ ④
4077	**volcano** [valkéinou]	① ② ③ ④		화산	① ② ③ ④
4078	**volume** [válju:m]	① ② ③ ④		책, 권, 부피, 양, 음량	① ② ③ ④
4079	**voluminous** [vəlú:mənəs]	① ② ③ ④		부피가 큰, 권수가 많은, 방대한	① ② ③ ④
4080	**voluntary** [váləntéri]	① ② ③ ④		자발적인, 임의의, 고의의	① ② ③ ④

✓ STEP 1

4081 ① ② ③

지원자 손 드세요?
여기 **발런티어**가 있어요.

☺ 지원자 ⇨ 발런티얼

4082 ① ② ③

과음해서 **토했어**?
봐! 밀을! 지저분하잖아, 다음부터
과음하지 마.

☺ 토하다 ⇨ 바미트

4083 ① ② ③

섬사람들은 어떻게 **투표해**?
보트 타고 뭍으로 가서 해.

☺ 투표하다 ⇨ 보우트

4084 ① ② ③

화랑들이 충정과 우정을 **맹세**할 때
어떻게 했는지 아니?
바위에 새겼어.

☺ 맹세 ⇨ 바우

4085 ① ② ③

모음글자 가르쳐 주세요 아빠?
똑바로 읽어 봐! 웅얼거리지 말고!

☺ 모음글자 ⇨ 바우얼

4086 ① ② ③

항해를 하다 보면?
돌고래도 **보이지**!

☺ 항해 ⇨ 보이줘

4087 ① ② ③

옛날에 **상스러운** 것이라고 여긴 것은?
벌거벗은 모습!

☺ 상스러운 ⇨ 벌걸

4088 ① ② ③

상처입기 쉬운 것은?
버너(burner)의 불이야, 불은 조심해야 해.

☺ 상처입기 쉬운 ⇨ 벌너러블

4089 ① ② ③

강아지가 너한테 왜 꼬리를 흔들까?
왜 그런지 나도 몰라.

☺ 흔들다 ⇨ 왜그

4090 ① ② ③

나만 **임금**이 깎인 것은
왜 이지?

☺ 임금 ⇨ 웨이쥐

4091 ① ② ③

짐마차를 만지면 저 주인은 뭐라고
할까?
"**왜** 건드려"라고 할 거야.

☺ 짐마차 ⇨ 왜건

4092 ① ② ③

독립투사들이 **비통해한** 이유는?
왜 일제가 나라를 강점하느냐고
비통해했어.

☺ 비통해하다 ⇨ 웨일

161

4081 지원자	4082 토하다	4083 투표하다
① ② ③ ④ ⑤	① ② ③ ④ ⑤	① ② ③ ④ ⑤

4084 맹세	4085 모음글자	4086 항해
① ② ③ ④ ⑤	① ② ③ ④ ⑤	① ② ③ ④ ⑤

4087 상스러운	4088 상처입기 쉬운	4089 흔들다
① ② ③ ④ ⑤	① ② ③ ④ ⑤	① ② ③ ④ ⑤

4090 임금	4091 짐마차	4092 비통해하다
① ② ③ ④ ⑤	① ② ③ ④ ⑤	① ② ③ ④ ⑤

4081	volunteer [vὰləntíər]	① ② ③ ④		지원자, 자진하여 하다	① ② ③ ④
4082	vomit [vάmit]	① ② ③ ④		토하다, 게우다	① ② ③ ④
4083	vote [vout]	① ② ③ ④		투표(권), 투표하다	① ② ③ ④
4084	vow [vau]	① ② ③ ④		맹세하다, 맹세, 서약	① ② ③ ④
4085	vowel [vάuəl]	① ② ③ ④		모음의, 모음글자	① ② ③ ④
4086	voyage [vɔ́idʒ]	① ② ③ ④		항해, (긴)여행	① ② ③ ④
4087	vulgar [vʌ́lgər]	① ② ③ ④		상스러운, 조잡한	① ② ③ ④
4088	vulnerable [vʌ́lnərəbəl]	① ② ③ ④		상처입기 쉬운, 약점이 있는	① ② ③ ④
4089	wag [wæg]	① ② ③ ④		흔들다, 요동치다	① ② ③ ④
4090	wage [weidʒ]	① ② ③ ④		임금, 벌이다, 수행하다	① ② ③ ④
4091	wagon [wǽgən]	① ② ③ ④		4륜차, 짐마차	① ② ③ ④
4092	wail [weil]	① ② ③ ④		울부짖다, 슬퍼하여 울다, 비통해하다	① ② ③ ④

✓ STEP 1

4093 ① ② ③

길을 **헤매다** 도착한 섬은?
완도.

☺ 헤매다 ⇨ 완덜-

4094 ① ② ③

어린이들이 모두 **창고**에 있어
왜 어린이들은 하우스(집)의 창고에 있어?

☺ 창고 ⇨ 웨얼하우스

4095 ① ② ③

전투란?
워(war, 전쟁)에서 서로 페어버리는 것을 말해.

☺ 전투 ⇨ 월-페어

4096 ① ② ③

경고 사격 후에 이어지는
카운트다운은?
쓰리, 투, 원!

☺ 경고하다 ⇨ 워-언

4097 ① ② ③

서로 **근거**를 대며 싸우는 사람들은?
어른들.

☺ 근거 ⇨ 워-런트

4098 ① ② ③

은행에서 집을 **담보**로 어떻게
대출받았어?
어른 티를 내며 대출을 받았어.

☺ 담보 ⇨ 워런티

4099 ① ② ③

전설의 **무인**은 언제 나타나지?
4월에 이어 5월에 나타나.

☺ 무인 ⇨ 워리얼

4100 ① ② ③

작곡 하면서 엄청 많은 종이를
낭비하는 사람은?
노르웨이 출신 피아니스트.

☺ 낭비하다 ⇨ 웨이스트

4101 ① ② ③

수채화를 그릴 때는?
미네랄워터를 마시면서 포스터컬러
물감으로 그려.

☺ 수채화 ⇨ 워-터-컬럴

4102 ① ② ③

인공 **폭포** 앞에서 뭐했지?
워터파크에 놀러가서 폴라로이드
사진을 찍었어.

☺ 폭포 ⇨ 워-터포-올

4103 ① ② ③

몸을 **흔들며** 추는 춤은?
웨이브 춤.

☺ 흔들다 ⇨ 웨이브

4104 ① ② ③

버려야 하는 **사고방식**은 뭐지?
브로드웨이에서 브랜드 옷만 입어야
한다는 사고방식.

☺ 사고방식 ⇨ 웨이브렝쓰

4093	헤매다
① ② ③ ④ ⑤	

4094	창고
① ② ③ ④ ⑤	

4095	전투
① ② ③ ④ ⑤	

4096	경고하다
① ② ③ ④ ⑤	

4097	근거
① ② ③ ④ ⑤	

4098	담보
① ② ③ ④ ⑤	

4099	무인
① ② ③ ④ ⑤	

4100	낭비하다
① ② ③ ④ ⑤	

4101	수채화
① ② ③ ④ ⑤	

4102	폭포
① ② ③ ④ ⑤	

4103	흔들다
① ② ③ ④ ⑤	

4104	사고방식
① ② ③ ④ ⑤	

4093	wander [wɑ́ndə:r]	①	②		헤매다, 빗나가다, 산만해지다	①	②
		③	④			③	④
4094	warehouse [wɛ́ə:rhàus]	①	②		창고, 저장소	①	②
		③	④			③	④
4095	warfare [wɔ́:rfɛ̀ə:r]	①	②		전쟁, 전투	①	②
		③	④			③	④
4096	warn [wɔ́:rn]	①	②		경고하다, 알리다	①	②
		③	④			③	④
4097	warrant [wɔ́:rənt]	①	②		근거, 보증, 보증하다	①	②
		③	④			③	④
4098	warranty [wɔ́(:)rənti]	①	②		담보, (품질)보증서,	①	②
		③	④			③	④
4099	warrior [wɔ́(:)riə:r]	①	②		전사, 무인	①	②
		③	④			③	④
4100	waste [weist]	①	②		낭비하다, 낭비, 쓰레기, 황폐한	①	②
		③	④			③	④
4101	watercolor [wɔ́:tə:rkʌ̀lə:r]	①	②		그림물감, 수채화(법)	①	②
		③	④			③	④
4102	waterfall [wɔ́:tə:rfɔ̀:l]	①	②		폭포	①	②
		③	④			③	④
4103	wave [weiv]	①	②		흔들다, 파도, 파문, 물결	①	②
		③	④			③	④
4104	wavelength [wéivlèŋkə]	①	②		파장, 사고방식	①	②
		③	④			③	④

✓ STEP 1

4105 ① ② ③

밀랍 인형에 뭘 칠하고 있어?
왁스를 칠하고 있어.

☺ 밀랍 ⇨ 왁스

4106 ① ② ③

위가 약해진 이유는?
위가 큰 사람이 매일 과식하다가
약해졌어.

☺ 약해지다 ⇨ 위-컨

4107 ① ② ③

재산이 많은 작가는 누구야?
조지오웰인데 동물농장을 썼어.

☺ 재산 ⇨ 웰쓰

4108 ① ② ③

누가 무기로 쏘았어?
왜적들이 펑! 펑! 쏘아댔어.

☺ 무기 ⇨ 웨펀

4109 ① ② ③

새 옷을 입은 언니가 뭐했지?
컴퓨터에 소프트웨어를 설치했어.

☺ 입고 있다 ⇨ 웨얼

4110 ① ② ③

지루하게 서서 뭐해?
강물위에 떠다니는 오리를 바라보고
있어.

☺ 지루하게 ⇨ 위-어리

4111 ① ② ③

스웨터를 짜서 뭘 하게?
추운 겨울에 입으려고 짜.
☺ 짜다 ⇨ 위브

4112 ① ② ③

교실 바닥에 쐐기가 있네!
왜 있지?
☺ 쐐기 ⇨ 웨쥐

4113 ① ② ③

잡초는 어디에 많아?
언덕 위도 많아.
☺ 잡초 ⇨ 위-드

4114 ① ② ③

매주 게시판에 글을 올리면?
내 윗글에 리플이 달려.

☺ 매주의 ⇨ 위-클리

4115 ① ② ③

왜 울었어?
슬픈 시를 읽다가 감정이
이입(移入)되어 울었어.

☺ 울다 ⇨ 위-프

4116 ① ② ③

곡식의 무게를 달아보니 어때?
"왜 이렇게 무거워?"

☺ 무게를 달다 ⇨ 웨이

4105 밀랍	4106 약해지다	4107 재산

① ② ③ ④ ⑤	① ② ③ ④ ⑤	① ② ③ ④ ⑤

4108 무기	4109 입고 있다	4110 지루하게

① ② ③ ④ ⑤	① ② ③ ④ ⑤	① ② ③ ④ ⑤

4111 짜다	4112 쐐기	4113 잡초

① ② ③ ④ ⑤	① ② ③ ④ ⑤	① ② ③ ④ ⑤

4114 매주의	4115 울다	4116 무게를 달다

① ② ③ ④ ⑤	① ② ③ ④ ⑤	① ② ③ ④ ⑤

4105	**wax** [wæks]	①	②		밀초, 밀랍	①	②
		③	④			③	④
4106	**weaken** [wí:k-ən]	①	②		약하게 하다, 약해지다	①	②
		③	④			③	④
4107	**wealth** [welθ]	①	②		부, 재산, 풍부	①	②
		③	④			③	④
4108	**weapon** [wépən]	①	②		무기, 흉기, 수단	①	②
		③	④			③	④
4109	**wear** [wɛər]	①	②		입고 있다, 닳게(지치게) 하다	①	②
		③	④			③	④
4110	**weary** [wí-əri]	①	②		지친, 싫증나는, 지루한	①	②
		③	④			③	④
4111	**weave** [wi:v]	①	②		짜다, 엮다	①	②
		③	④			③	④
4112	**wedge** [wedʒ]	①	②		쐐기, V자형	①	②
		③	④			③	④
4113	**weed** [wi:d]	①	②		잡초, 해초, 궐련	①	②
		③	④			③	④
4114	**weekly** [wí:kli]	①	②		매 주의, 주간의	①	②
		③	④			③	④
4115	**weep** [wi:p]	①	②		울다, 물방울을 떨어뜨리다	①	②
		③	④			③	④
4116	**weigh** [wei]	①	②		무게를 달다, 무게가~이다, 숙고하다	①	②
		③	④			③	④

✓ STEP 1

4117　① ② ③

기묘한 현상이 어떻게 일어났어?
내 머리 위 하늘만 어두워지는 기묘한
현상이 일어났어.
☺ 기묘한 ⇨ 위얼-드

4118　① ② ③

복지 정책으로 좋아지는 것은?
웰빙 아파트에 살며 빼어난 솜씨의
음식을 맛볼 수 있게 되는 것.
☺ 복지 ⇨ 웰페얼

4119　① ② ③

우물을 길어서 만드는 음료수는?
웰치스(Welch's,브랜드명) 음료수.
☺ 우물 ⇨ 웰

4120　① ② ③

먹으면 **행복**해지는 음식은?
웰빙음식.
☺ 행복 ⇨ 웰비-잉

4121　① ② ③

저도 **공손하게** 절을 해야 돼요?
월매야, 너도 해라.
☺ 공손한 ⇨ 웰매널-드

4122　① ② ③

내 것은 모두 **서양식으로** 바꿨어
왜? 쓰던 나이프와 렌즈를 바꿨어?
☺ 서양식으로 하다 ⇨
웨스터-나이즈

4123　① ② ③

습지대라서 멀미가 나지?
웩! 뉴질랜드 가는 길은 힘들어.
☺ 습지대 ⇨ 웨트랜드

4124　① ② ③

어디에 **핸들**을 달지?
자동 휠체어에 달아.
☺ 핸들 ⇨ 휘-일

4125　① ② ③

강아지가 배부른**지 아닌지** 모르겠네!
왜? 사료를 더 줘 봐.
☺ ~인지 아닌지 ⇨ 웨덜

4126　① ② ③

왜 **훌쩍여**?
임이 내 곁을 떠나 슬퍼서.
☺ 훌쩍이다 ⇨ 휨펄

4127　① ② ③

기발한 공연은?
스윙재즈와 뮤지컬이 만나는
공연이야.
☺ 기발한 ⇨ 윔지컬

4128　① ② ③

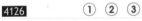

왜 **흐느껴** 울지?
와인 마시다가 흐느껴 우네.
☺ 흐느껴 울다 ⇨ 와인

4117 기묘한	4118 복지	4119 우물
① ② ③ ④ ⑤	① ② ③ ④ ⑤	① ② ③ ④ ⑤

4120 행복	4121 공손한	4122 서양식으로 하다
① ② ③ ④ ⑤	① ② ③ ④ ⑤	① ② ③ ④ ⑤

4123 습지대	4124 핸들	4125 ~인지 아닌지
① ② ③ ④ ⑤	① ② ③ ④ ⑤	① ② ③ ④ ⑤

4126 훌쩍이다	4127 기발한	4128 흐느껴 울다
① ② ③ ④ ⑤	① ② ③ ④ ⑤	① ② ③ ④ ⑤

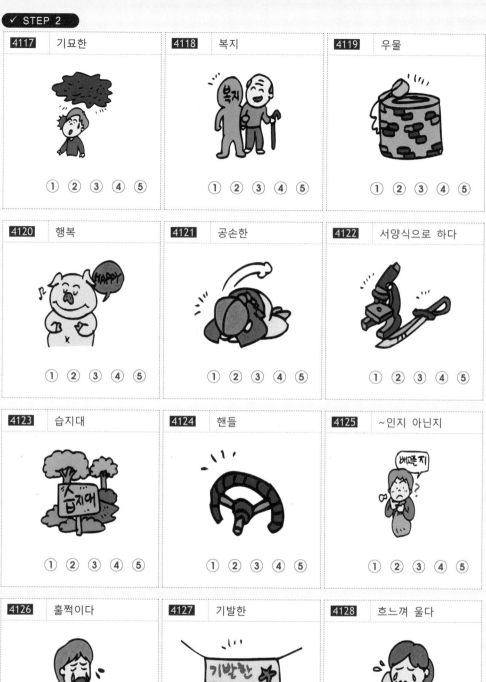

4117	**weird** [wiə:rd]	① ② ③ ④		수상한, 기묘한, 이상한	① ② ③ ④
4118	**welfare** [wélfɛə:r]	① ② ③ ④		복지, 후생, 복지사업	① ② ③ ④
4119	**well** [wel]	① ② ③ ④		우물, 샘, 잘, 솟아오르다	① ② ③ ④
4120	**well-being** [wélbi:iŋ]	① ② ③ ④		행복, 복지, 안녕	① ② ③ ④
4121	**well-mannered** [wélmǽnə:rd]	① ② ③ ④		예절바른, 공손한	① ② ③ ④
4122	**westernize** [wéstə:rnàiz]	① ② ③ ④		서양식으로 하다	① ② ③ ④
4123	**wetland** [wétlænd]	① ② ③ ④		습지대	① ② ③ ④
4124	**wheel** [hwi:l]	① ② ③ ④		수레바퀴, 핸들	① ② ③ ④
4125	**whether** [hwéðə:r]	① ② ③ ④		~인지 아닌지(어떤지)	① ② ③ ④
4126	**whimper** [hwímpə:r]	① ② ③ ④		훌쩍이다, 울먹이다	① ② ③ ④
4127	**whimsical** [wímzikəl]	① ② ③ ④		변덕스러운, 기발한, 별난	① ② ③ ④
4128	**whine** [hwain]	① ② ③ ④		흐느껴 울다, 푸념하다	① ② ③ ④

172

✓ STEP 1

4129 ① ② ③

머리 위를 **빙빙 도는** 것이 뭐지?
새가 훨훨 날면서 빙빙 돌아.
☺ 빙빙 돌다 ⇨ 휘-얼

4130 ① ② ③

구레나룻이 있는 남자는 뭘 주문했어?
위스키와 커피를 주문했어.
☺ 구레나룻 ⇨ 위스컬

4131 ① ② ③

부인에게 **속삭인** 사람은 누구지?
이 수퍼 주인이야.
☺ 속삭이다 ⇨ 위스펄

4132 ① ② ③

기차 **경적**을 울리면 역무원은 뭘 해?
휘슬을 불어.
☺ 경적 ⇨ 휘슬

4133 ① ② ③

윙~ 소리가 어디서 나?
윗 주머니에서 나네.
☺ 윙(소리) ⇨ 위즈

4134 ① ② ③

어느 객석이 **전부** 매진되었어?
콘서트홀의 객석이 매진되었어.
☺ 전부의 ⇨ 호울

4135 ① ② ③

대규모 세일이 어디서 진행되고 있어?
홀(hall)에서 세일이 진행되고 있어.
☺ 대규모의 ⇨ 호울세일

4136 ① ② ③

먹으면 **건강에 좋은** 것은?
홀(hall)에 있는 딤섬을 먹으면 건강에
좋아.
☺ 건강에 좋은 ⇨ 호울섬

4137 ① ② ③

심술궂은 남동생이 왜 실룩 웃지?
윗 방 키도 숨겨두었대.
☺ 심술궂은 ⇨ 위키드

4138 ① ② ③

아버지께서 거실을 **넓힌** 이유는?
와이드 TV 를 사셔서.
☺ 넓히다 ⇨ 와이든

4139 ① ② ③

미망인에게 해준 것은?
위로하려 **도우넛**을 만들어 주었어.
☺ 미망인 ⇨ 위도우

4140 ① ② ③

홀아비가 뭐라고 했어?
자기는 **위도** 안 좋아 얼마 못살
거라고 했어.
☺ 홀아비 ⇨ 위도얼

4129 빙빙 돌다	4130 구레나룻	4131 속삭이다

① ② ③ ④ ⑤	① ② ③ ④ ⑤	① ② ③ ④ ⑤

4132 경적	4133 윙(소리)	4134 전부의

① ② ③ ④ ⑤	① ② ③ ④ ⑤	① ② ③ ④ ⑤

4135 대규모의	4136 건강에 좋은	4137 심술궂은

① ② ③ ④ ⑤	① ② ③ ④ ⑤	① ② ③ ④ ⑤

4138 넓히다	4139 미망인	4140 홀아비

① ② ③ ④ ⑤	① ② ③ ④ ⑤	① ② ③ ④ ⑤

4129	whirl [hwə:rl]	① ② ③ ④		빙빙 돌(리)다, 회전	① ② ③ ④
4130	whisker [hwískə:r]	① ② ③ ④		구레나룻, 콧수염	① ② ③ ④
4131	whisper [wíspər]	① ② ③ ④		속삭이다, 살랑거리다	① ② ③ ④
4132	whistle [hwís-əl]	① ② ③ ④		휘파람, 호각, 경적	① ② ③ ④
4133	whiz [hwiz]	① ② ③ ④		윙(소리), 소리 나다	① ② ③ ④
4134	whole [houl]	① ② ③ ④		전부의, ~내내, 완전한	① ② ③ ④
4135	wholesale [hóulsèil]	① ② ③ ④		도매의, 대규모의	① ② ③ ④
4136	wholesome [hóulsəm]	① ② ③ ④		건강에 좋은, 건전한	① ② ③ ④
4137	wicked [wíkid]	① ② ③ ④		사악한, 심술궂은	① ② ③ ④
4138	widen [wáidn]	① ② ③ ④		넓히다, 넓게 되다	① ② ③ ④
4139	widow [wídou]	① ② ③ ④		미망인	① ② ③ ④
4140	widower [wídouə:r]	① ② ③ ④		홀아비	① ② ③ ④

4136 딤섬(Dimsum): 중국요리 중 하나로서 두명한 만두

✓ STEP 1

4141 ① ② ③

몸의 **가로** 너비를 왜 쟀지?
윗옷을 만드려고 쟀어.
☺ 가로 ⇨ 위드

4142 ① ② ③

황무지에서 카우보이들끼리 하는 말은?
"월~돈 있어?" "아니, 없어."
☺ 황무지 ⇨ 윌더-니스

4143 ① ② ③

야생 생물은 어떻게 살지?
와일드(wild, 거친) 라이프(삶)를 살아.
☺ 야생 생물 ⇨ 와일드라이프

4144 ① ② ③

내일부터 열심히 공부할 **작정인**
사람은?
월.
☺ ~할 작정이다 ⇨ 월

4145 ① ② ③

월이 **기꺼이** 선물**하는** 것은 뭐지?
월은 여자 친구에게 링 귀걸이를
선물했어.
☺ 기꺼이 ~하는 ⇨ 윌링

4146 ① ② ③

어느 경기에서 **이겼지**?
윈드서핑.
☺ 이기다 ⇨ 윈

4147 ① ② ③

양 팔에 **감고** 있는 것은 뭐지?
와인 두 병.
☺ 감다 ⇨ 와인드

4148 ① ② ③

날개를 펴고 날아다니는 것은?
파리가 윙윙 거리며 날아다녀.
☺ 날개 ⇨ 윙

4149 ① ② ③

그녀가 **빛이 반짝이는** 것 같을 때는
언제야?
그녀가 윙크할 때.
☺ 빛이 반짝이다 ⇨ 윙크

4150 ① ② ③

바닥을 **닦으며** 잔소리하는 사람은?
와이프.
☺ 닦다 ⇨ 와잎

4151 ① ② ③

철사를 이용해 몸을 매달아
액션연기를 하는 것은?
와이어 액션.
☺ 철사 ⇨ 와이얼

4152 ① ② ③

빗자루 **마녀**가 기억하지 못하는 것은?
빗자루를 둔 위치.
☺ 마녀 ⇨ 위취

4141 가로	4142 황무지	4143 야생 생물
① ② ③ ④ ⑤	① ② ③ ④ ⑤	① ② ③ ④ ⑤
4144 ~할 작정이다	4145 기꺼이 ~하는	4146 이기다
① ② ③ ④ ⑤	① ② ③ ④ ⑤	① ② ③ ④ ⑤
4147 감다	4148 날개	4149 빛이 반짝이다
① ② ③ ④ ⑤	① ② ③ ④ ⑤	① ② ③ ④ ⑤
4150 닦다	4151 철사	4152 마녀
① ② ③ ④ ⑤	① ② ③ ④ ⑤	① ② ③ ④ ⑤

4141	**width** [widə]	①	②		폭, 너비, 가로, 넓이	①	②
		③	④			③	④
4142	**wilderness** [wíldə:rnis]	①	②		황야, 황무지	①	②
		③	④			③	④
4143	**wildlife** [wáildlàif]	①	②		야생 생물(의)	①	②
		③	④			③	④
4144	**will** [wil]	①	②		~할 것이다, ~할 작정이다	①	②
		③	④			③	④
4145	**willing** [wíliŋ]	①	②		기꺼이 ~하는	①	②
		③	④			③	④
4146	**win** [win]	①	②		이기다, 쟁취하다	①	②
		③	④			③	④
4147	**wind** [waind]	①	②		감다, 굽이쳐 나가다, 끝내다	①	②
		③	④			③	④
4148	**wing** [wiŋ]	①	②		날개(부분), (당)파, 진영	①	②
		③	④			③	④
4149	**wink** [wiŋk]	①	②		윙크하다, 빛이 반짝이다, 윙크	①	②
		③	④			③	④
4150	**wipe** [waip]	①	②		닦(아내)다, 파괴하다, 소탕하다	①	②
		③	④			③	④
4151	**wire** [waiə:r]	①	②		철사, 전선	①	②
		③	④			③	④
4152	**witch** [witʃ]	①	②		마녀, ~에게 마법을 걸다	①	②
		③	④			③	④

✓ **STEP 1**

4153 ① ② ③

항복하면 어떻게 **철수해?**
손을 위로 들어서 철수해.
☺ 철수하다 ⇨ 위드로-

4154 ① ② ③

움츠리고 있는 그를 어떻게 했어?
위가 쓰리다고 해서 들어 올렸어.
☺ 움츠리다 ⇨ 위드로-얼

4155 ① ② ③

건강이 **쇠약해지는** 분은?
웃어른.
☺ 쇠약해지다 ⇨ 위덜

4156 ① ② ③

사람 통행을 어디어디 **제지할까요?**
윗층 홀도 제지시켜.

☺ 제지하다 ⇨ 위드호올드

4157 ① ② ③

경찰에 **저항하는** 사람이 어디로 갔어?
버스 위에 **스탠드(stand,서다)**하고
있어!
☺ 저항하다 ⇨ 위-스탠드

4158 ① ② ③

사건의 **목격자**는 어디에 있지?
이 건물 위 휘트니스 클럽에 있어.

☺ 목격자 ⇨ 위트니스

4159 ① ② ③

재치 있는 개그맨이 어떻게 했어?
사람들 앞에서 위(상의)의 티(셔츠)를
벗었어.
☺ 재치 있는 ⇨ 위티

4160 ① ② ③

마법사가 어디에 있어?
위를 봐! 빗자루 탄 저들이 마법사야.

☺ 마법사 ⇨ 위절-드

4161 ① ② ③

아기가 엄마 **자궁**에서 어떻게 하고
있을까?
움크리고 있지.
☺ 자궁 ⇨ 움-

4162 ① ② ③

놀라움이 가득한 곳은?
원더랜드.
☺ 놀라움 ⇨ 원덜

4163 ① ② ③

양털로 만드는 건 뭐지?
100% 울.
☺ 양털 ⇨ 울

4164 ① ② ③

넌 **일할** 때 어떻게 해?
워~하며 크게 기합을 넣고 해.
☺ 일하다 ⇨ 월-크

4153 철수하다	4154 움츠리다	4155 쇠약해지다

① ② ③ ④ ⑤	① ② ③ ④ ⑤	① ② ③ ④ ⑤

4156 제지하다	4157 저항하다	4158 목격자

① ② ③ ④ ⑤	① ② ③ ④ ⑤	① ② ③ ④ ⑤

4159 재치 있는	4160 마법사	4161 자궁
		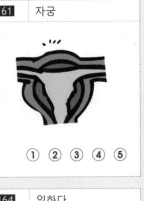
① ② ③ ④ ⑤	① ② ③ ④ ⑤	① ② ③ ④ ⑤

4162 놀라움	4163 양털	4164 일하다

① ② ③ ④ ⑤	① ② ③ ④ ⑤	① ② ③ ④ ⑤

		①	②			①	②
4153	**withdraw** [wiðdrɔ́:]	③	④		철수하다, 물리다, 탈퇴하다, 취소하다	③	④
4154	**withdrawal** [wiðdrɔ́:-əl]	①	②		움츠림, 철수, 취소	①	②
		③	④			③	④
4155	**wither** [wiðər]	①	②		시들다, 쇠약해지다	①	②
		③	④			③	④
4156	**withhold** [wiðhóuld]	①	②		제지하다, 보류하다	①	②
		③	④			③	④
4157	**withstand** [wiðstǽnd]	①	②		저항하다, 견뎌내다	①	②
		③	④			③	④
4158	**witness** [wítnis]	①	②		목격하다, 목격자, 증언, 증인, 증거	①	②
		③	④			③	④
4159	**witty** [wíti]	①	②		재치 있는	①	②
		③	④			③	④
4160	**wizard** [wízə:rd]	①	②		마법사, 귀재	①	②
		③	④			③	④
4161	**womb** [wu:m]	①	②		자궁	①	②
		③	④			③	④
4162	**wonder** [wʌ́ndə:r]	①	②		불가사의, 놀라움, 궁금해하다	①	②
		③	④			③	④
4163	**wool** [wul]	①	②		양털, 털실	①	②
		③	④			③	④
4164	**work** [wə́:rk]	①	②		일, 작품, 작업, 일하다, 작동하다	①	②
		③	④			③	④

✓ STEP 1

4165 ① ② ③

일 중독자가 홀린 것은?
워커화에 홀리었어.
☺ 일 중독자 ⇨ 월-커홀-릭

4166 ① ② ③

노동인구 중에는 어떤 사람이 있지?
워크맨을 들으며 사냥을 하는 포수도 있어.
☺ 노동인구 ⇨ 월-크포-스

4167 ① ② ③

축구 훈련을 하다가 무슨 일이 있었어?
워크맨을 듣는다고 아웃됐어.
☺ 훈련 ⇨ 월-크아웃

4168 ① ② ③

컴퓨터에 벌레 먹는 것을 뭐라고 해?
웜바이러스.

☺ 벌레 ⇨ 워-엄

4169 ① ② ③

이렇게 닳아빠진 옷을 어떻게 입나?
나 원~ 참.

☺ 닳아빠진 ⇨ 워-언

4170 ① ② ③

여자 친구가 생겨서 고민하고 있는 것은?
우리 집 강아지 워리.

☺ 고민하다 ⇨ 월-리

4171 ① ② ③

형편을 악화시킨 사람은?
월세로 내야 될 돈을 다 쓴 남편.
☺ 악화시키다 ⇨ 월-슨

4172 ① ② ③

예배하러 갈 때는?
월요일에 십원을 들고 가.
☺ 예배 ⇨ 월-쉽

4173 ① ② ③

내 땅은 100억의 가치가 있어?
"얼~쑤!"
☺ 가치가 있는 ⇨ 월-쓰

4174 ① ② ③

훌륭한 시간을 보낸 곳은?
월요일에 휴가 쓰고 하와일 가서 보냈어.

☺ 훌륭한 ⇨ 월-쓰화일

4175 ① ② ③

훌륭한 기상캐스터는 언제 볼 수 있어?
월요일에 날씨를 알려주니 월요일에 볼 수 있어.

☺ 훌륭한 ⇨ 월-디

4176 ① ② ③

상처 입지 않았어?
200파운드의 거대한 짐이 떨어졌는데도 상처입지 않았어.

☺ 상처 ⇨ 우-운드

4165 일 중독자	4166 노동인구	4167 훈련

① ② ③ ④ ⑤	① ② ③ ④ ⑤	① ② ③ ④ ⑤

4168 벌레	4169 닳아빠진	4170 고민하다

① ② ③ ④ ⑤	① ② ③ ④ ⑤	① ② ③ ④ ⑤

4171 악화시키다	4172 예배	4173 가치가 있는

① ② ③ ④ ⑤	① ② ③ ④ ⑤	① ② ③ ④ ⑤

4174 훌륭한	4175 훌륭한	4176 상처

① ② ③ ④ ⑤	① ② ③ ④ ⑤	① ② ③ ④ ⑤

		①	②			①	②
4165	**workaholic** [wɔ́:rkəhɔ́:lik]				일 중독자, 일 벌레		
		③	④			③	④
4166	**workforce** [wɔ́:rkfɔ:rs]	①	②		총 노동력, 노동인구	①	②
		③	④			③	④
4167	**workout** [wɔ́:rkàut]	①	②		연습, 훈련	①	②
		③	④			③	④
4168	**worm** [wəːrm]	①	②		벌레, 기다, 몰래 나아가다	①	②
		③	④			③	④
4169	**worn** [wɔːrn]	①	②		닳아빠진, 야윈	①	②
		③	④			③	④
4170	**worry** [wɔ́:ri]	①	②		걱정하다, 고민하다	①	②
		③	④			③	④
4171	**worsen** [wɔ́:rs-ən]	①	②		악화시키다	①	②
		③	④			③	④
4172	**worship** [wɔ́:rʃip]	①	②		예배, 숭배, 경배하다, 숭배하다	①	②
		③	④			③	④
4173	**worth** [wəːrθ]	①	②		가치가 있는	①	②
		③	④			③	④
4174	**worthwhile** [wɔ́:rəhwáil]	①	②		할 보람이 있는, 훌륭한	①	②
		③	④			③	④
4175	**worthy** [wɔ́:rði]	①	②		훌륭한, 가치가 있는, ~에 어울리는	①	②
		③	④			③	④
4176	**wound** [wuːnd]	①	②		다치게 하다, 상처(입히다)	①	②
		③	④			③	④

184

Unit 349

Number 4177~4188 Study Year 20 Month Date

✓ STEP 1

4177 ① ② ③

쓰고 남은 야채를 어디에 **싸서** 보관해?
랩에 싸서 보관해.
☺ 싸다 ⇨ 랩

4178 ① ② ③

분노해서 말에 상처를 입혔어 결국은 일냈으~~~
☺ 분노 ⇨ 래쓰

4179 ① ② ③

화환 같이 생긴 게 뭐지?
크리스마스 리스.
☺ 화환 ⇨ 리-쓰

4180 ① ② ③

어쩌다 게임을 **망쳤지**?
게임하다 랙이 걸려 망쳤어.
☺ 망치다 ⇨ 레크

4181 ① ② ③

나사를 **비틀어** 조이는 도구는?
렌치.
☺ 비틀다 ⇨ 렌취

4182 ① ② ③

지독한 코치는 어떻게 해?
스트레칭도 가혹하게 시켜.
☺ 지독한 ⇨ 레취드

4183 ① ② ③

왜 사람을 **끌어내렸어**?
볼링장 안에 들어가 난동을 부렸어.
☺ 끌어내다 ⇨ 링

4184 ① ② ③

주름을 개선해주는 효과를 가지고 있는 화장품은?
링클프리 화장품.
☺ 주름 ⇨ 링컬

4185 ① ② ③

손목이 아파도 참아내고 이룬 것은?
금메달리스트.
☺ 손목 ⇨ 리스트

4186 ① ② ③

하품해도 멋진 스타는?
욘사마.
☺ 하품 ⇨ 요-온

4187 ① ② ③

우리학교 **연감**은 언제 나와?
2월에 나오는 북(책)이야.
☺ 연감 ⇨ 이얼-북

4188 ① ② ③

해마다 다시 봐도 재미있는 책은?
이 책 '**월리**를 찾아라!'
☺ 해마다 ⇨ 이얼-리

185

4177	싸다
4178	분노
4179	화환
4180	망치다
4181	비틀다
4182	지독한
4183	끌어내다
4184	주름
4185	손목
4186	하품
4187	연감
4188	해마다

		①	②			①	②
4177	**wrap** [ræp]	③	④		(감)싸다, 포장하다, 포함하다	③	④
4178	**wrath** [ræθ]	① ③	② ④		격노, 분노	① ③	② ④
4179	**wreath** [ri:θ]	① ③	② ④		화환	① ③	② ④
4180	**wreck** [rek]	① ③	② ④		망치다, 파괴하다, 난파시키다, 잔해	① ③	② ④
4181	**wrench** [rentʃ]	① ③	② ④		비틀다, 삐다, 왜곡하다	① ③	② ④
4182	**wretched** [rétʃid]	① ③	② ④		가엾은, 야비한, 지독한	① ③	② ④
4183	**wring** [riŋ]	① ③	② ④		짜내다, 비틀다, 끌어내다	① ③	② ④
4184	**wrinkle** [ríŋk-əl]	① ③	② ④		주름(을 잡다)	① ③	② ④
4185	**wrist** [rist]	① ③	② ④		손목(관절)	① ③	② ④
4186	**yawn** [jɔːn]	① ③	② ④		하품(하다)	① ③	② ④
4187	**yearbook** [jíə:rbùk]	① ③	② ④		연감, 연보	① ③	② ④
4188	**yearly** [jíə:rli]	① ③	② ④		매년의, 해마다	① ③	② ④

4179 크리스마스 리스(Christmas wreath,화환): 크리스마스 화환

✓ STEP 1

4189 ① ② ③

뭘 **그리워하고** 있어?
친구들과 연 날리던 시절.
☺ 그리워하다 ⇨ 여-언

4190 ① ② ③

납치범에게 뭐라고 **외쳤어?**
앨 놔달라고 외쳤어.
☺ 외치다 ⇨ 옐

4191 ① ② ③

서로 **양보하고** 해야 할 말은?
이제 그만하고 일들 합시다.
☺ 양보하다 ⇨ 이-일드

4192 ① ② ③

저기에 내 연도 있어?
응, 네 연도 있어.
☺ 저기에 ⇨ 얀덜

4193 ① ② ③

청년들이 많이 오는 곳은?
유스호스텔.
☺ 청년 ⇨ 유-쓰

4194 ① ② ③

열의를 다했더니 나온 것은?
질 높은 도자기가 나왔어.
☺ 열의 ⇨ 지-일

4195 ① ② ③

공부에 **열심인** 저 아이를 넣었어?
응, 쟬 넣었어.
☺ 열심인 ⇨ 젤러스

4196 ① ② ③

얼룩말 꼬리를 어떻게 해?
손으로 집으라(잡아라).
☺ 얼룩말 ⇨ 지-이브러

4197 ① ② ③

지퍼로 잠그고 있는 가방에는 뭘
넣었어?
짚을 넣었어.
☺ 지퍼로 잠그다 ⇨ 지프

4198 ① ② ③

지구에서 가장 넓은 밀림**지대**는?
아마존.
☺ 지대 ⇨ 조운

4199 ① ② ③

동물학을 연구하려고 왔는데
주(zoo,동물원)는 얼로(어디로)
지나가나요?
☺ 동물학 ⇨ 조-알러쥐

4200 ① ② ③

피사체를 확대하려면?
줌을 당겨.
☺ 피사체를 확대하다 ⇨ 주-움

4189 그리워하다	4190 외치다	4191 양보하다

① ② ③ ④ ⑤	① ② ③ ④ ⑤	① ② ③ ④ ⑤

4192 저기에	4193 청년	4194 열의

① ② ③ ④ ⑤	① ② ③ ④ ⑤	① ② ③ ④ ⑤

4195 열심인	4196 얼룩말	4197 지퍼로 잠그다

① ② ③ ④ ⑤	① ② ③ ④ ⑤	① ② ③ ④ ⑤

4198 지대	4199 동물학	4200 피사체를 확대하다

① ② ③ ④ ⑤	① ② ③ ④ ⑤	① ② ③ ④ ⑤

4189	**yearn** [jə:rn]	①	②		그리워하다, 간절히 ~하고 싶어 하다	①	②
		③	④			③	④
4190	**yell** [jel]	①	②		외치다, 고함, 부르짖음	①	②
		③	④			③	④
4191	**yield** [ji:ld]	①	②		산출하다, 굴복하다, 양보하다, 수확(생산)량	①	②
		③	④			③	④
4192	**yonder** [jándə:r]	①	②		저쪽의, 저기에	①	②
		③	④			③	④
4193	**youth** [ju:θ]	①	②		젊음, 청년(시절)	①	②
		③	④			③	④
4194	**zeal** [zi:l]	①	②		열중, 열의	①	②
		③	④			③	④
4195	**zealous** [zéləs]	①	②		열심인, 열렬한	①	②
		③	④			③	④
4196	**zebra** [zí:brə]	①	②		얼룩말, 얼룩무늬 있는 것	①	②
		③	④			③	④
4197	**zip** [zip]	①	②		지퍼로 잠그다	①	②
		③	④			③	④
4198	**zone** [zoun]	①	②		대, 지대, 지역	①	②
		③	④			③	④
4199	**zoology** [zouálədʒi]	①	②		동물학	①	②
		③	④			③	④
4200	**zoom** [zu:m]	①	②		빨리 움직이다, 피사체를 확대(축소)하다	①	②
		③	④			③	④

3487 *스니커즈[sneakers]:
캔버스 슈즈와 같으나 밑창이 고무로 된 것. 고무 밑창이기 때문에 걸을 때 발자국 소리가 나지 않는다고 해서 '살금살금 걷는 사람'이라는 뜻의 스니커 sneaker에서 비롯되어 붙여진 이름

3501 *소프트웨어(software):
컴퓨터를 동작시키는 장치로서 대응하는 말은 하드웨어(hardware)

3511 *레시피(recipe): [résəpì:]
① (약제 등의) 처방(전) (요리의) 조리법; 비법, 비결, 묘안, 비책

3517 *소울메이트(soulmate):
마음의 친구, 영혼이 통하는 사람

3536 *이니셜(initial):
머리글자

3538 *브리트니 스피어스(Britney Spears):
미국 솔로 여성 가수

3541 *스피시즈(species):
반인간 외계인의 투쟁과 사랑을 다룬 과학소설, SF(Science Fiction)영화

3542 *스피노자(Spinoza):
네덜란드의 철학자

3547 *큐레이터(curator):
(박물관, 미술관-등의) 전시 책임자

3554 *스파르타(Sparta):
고대 그리스의 도리아인이 세운 도시국가

3561 *스포일러(Spoiler):
영화, 소설-등에서 처음에 밝히지 않은 다음 줄거리나 내용을 관객, 독자 또는 네티즌에게 미리 밝혀버리는 행위

3603 *스테디셀러(steady;고정된, 확고한 seller;팔리는 물건):
오랜 기간에 걸쳐 꾸준히 잘 팔리는 책

3639 *슈크림(Chou cream):
반죽한 밀가루를 구워 내어 그 속에 크림을 넣은 서양과자

3657 *터번(turban):
이슬람교도 및 중동 여러 나라 남자가 사용하는 머리 장식

3695 *호른(horn):
밸브식의 금관 악기

3806 *바텐더(bartender):
카페나 바의 카운터에서 주문을 받고 칵테일 따위를 만들어 파는 사람

3819 *매너리즘(mannerism):
매너리즘(특히 문학·예술의 표현 수단이 틀에 박힌 것); 버릇(태도·언행 따위의). 첨에는 목표 의식이나 열정을 가지고 하다가 자꾸 하다보면 나중에는 습관적인 일상이 되는 것

3880 *라 토스카(La Tosca):
이탈리아의 작곡가 푸치니가 사루드의 연극에서 소재를 얻어 작곡한 오페라

3920 *트로트(trot):
우리나라 대중가요의 하나

3923 *도스토예프스키:
러시아의 장편 소설 "죄와 벌"을 쓴 작가

3946 *트라스트(Trast):
SK제약의 관절염 치료제, '3일'을 뜻하는 영문 'TRI'와 '지속하다'는 뜻을 가진 'LAST'의 합성어로 약효가 3일 동안 지속된다는 의미를 가지고 있다

3953 *튜닝(tuning):
조율, 조정, 라디오나 텔레비전 방송-등에서 주파수를 맞추는 것

3970 *칸(Cannes):
프랑스 남동부의 휴양지; 영화제로 유명

3989 *유니콘(unicorn):
인도와 유럽의 전설의 동물, 모양과 크기는 말과 같고 이마에 뿔이 하나 있다.

3993 *valued
귀중한, 소중한, 평가된:

3994 *허밍(humming):
입을 다물고 소리를 코로 내면서 노래를 부르는 창법(唱法)

4056 *오션뷰(ocean view):
바다가 보이는 전망

4107 *조지 오웰(George Orwell):
영국 소설가. 러시아 혁명과 스탈린의 배신에 바탕을 둔 정치 우화 <동물농장>으로 일약 명성을 얻게 되었음

4136 *딤섬(Dimsum):
중국요리 중 하나로서 투명한 만두

4179 *크리스마스 리스(Christmas wreath, 화환):
크리스마스 화환